U0903530

关保英 主编

行政法史料汇编

1949—1965

社会行政法

中国法制出版社
CHINA LEGAL PUBLISHING HOUSE

总序

Preface

《行政法史料汇编》系上海政法学院行政法学重点学科建设的阶段性成果。上海政法学院行政法学学科先后被立项为上海市重点学科（2006）、上海市教育委员会行政法学重点学科（2009）、中央财政支持地方高校建设行政法学重点学科（2010）等重点建设项目，在项目建设过程中，学科凝练了三个建设方向，分别为行政法基础理论与应用、部门行政法、公共政策与行政法治。其中，行政法基础理论与应用方向中的“行政法史”为颇具特色的学科建设内容。上海政法学院行政法学科组成员在行政法专题史、断代史、国别史研究方面形成了一系列研究课题，已出版的著作涵盖了行政法制史、行政法思想史、行政法认识史、行政法奠基史等一系列重要的理论成果。

1949年10月1日中华人民共和国成立，彻底结束了旧中国半殖民地半封建的历史。新中国的成立使千年中华大地发生了翻天覆地的变化，这种巨大变化的背后是各种混沌亟待解决，新中国成立初期的行政管理处于探索阶段，这时的行政法主要解决国家重建过程中的各类重要问题，使满目疮痍的国家重现生机。这时期我国的行政法由于没有一套较为科学的系统性的行政法治建设思想体系，呈现出零散性、对事性、滞后性、原则性和试验性的特点，同时具有很浓厚的践行共产主义的时代特征，很长时间内处于有问题解决问题的弥补状态。本丛书通过对1949年12月至1965年12月间，由政务院（国务院）、中央人民政府委员会、公安部、内务部等国家机关批注与发布的税收、商业、经济、工业交通、农业、社会方面的行政法令、法规进行整理和汇编，力求全面呈现新中国成立初期各领域的行政法律制度内容。以期全面、客观地呈现在缺少行政法治体系总体规划以及相应时间表的历史阶段中，我国行政法的主要任务是什么、是如何设计运行的、体现了何种时代特征，以及我国是如何探索出一套具有中国特色社会主义的行政法治体系建设理论的。通过梳理当时的法律制度建设过程，为新中国成立初期行政法律制度研究提供较为详实的历史资料。

“史料汇编”系列的整理和出版是为理论研究所做的基础性工作，同时又使一些散见的法律文献整体再现。该汇编具有以下两个方面的重要价值：其一，对新中国成立初期的行政法组织法规进行了系统的梳理，在一定程度上保护了这些较为珍贵的历史文献。并通过体系化的梳理工作，使其形成了较为完整的体系结构，从效力层级到历史沿革，都做出了较为详细的说明，从而具有较高的文献价值。其二，与我校以前编著的《陕甘宁边区行政法概论》《行政组织法史料汇编与点评：1950—1960》等史料汇编丛书衔接，系统阐述了新中国成立初期行政法观、陕甘宁行政法体系、行政法的渊源和实践基础等，为探索研究我国早期行政法提供一套完整、成体系的行政法制度史料，为读者直观地呈现我国各个行政领域内的行政法建设经历和各种制度创新过程。

本丛书以中国法制出版社出版的《中华人民共和国法规汇编》为基础，编选、整理中华人民共和国成立初期（1949—1965）的行政法规、部门规章以及规范性文件，并做适当的技术性分类。

目录 Contents

文化教育行政法篇

科技行政法篇

卫生行政法篇

文化教育行政法篇

1.禁止珍贵文物图书出口暂行办法

（1950年5月24日政务院公布）

第一条 为保护我国文化遗产，防止有关革命的、历史的、文化的、艺术的珍贵文物及图书流出国外，特制定本办法。

第二条 下列各种类之文物图书一律禁止出口：

（一）革命文献及实物。

（二）古生物：古代动植物之遗迹遗骸及化石等。

（三）史前遗物：史前人类之遗物遗迹及化石等。

（四）建筑物：建筑物及建筑模型或其附属品。

（五）绘画：前代画家之各种作品，宫殿、寺庙、冢墓之古壁画，以及前代具有高度美术价值之绣绘、织绘、漆绘等。

（六）雕塑：具有高度艺术价值之浮雕、雕刻、宗教的礼俗的雕像，以及前代金、石、玉、竹、木、骨、角、牙、陶瓷等美术雕刻。

（七）铭刻：甲骨刻辞、玺印、符契、画板之雕刻等，及古代金、石、玉、竹、木、砖、瓦等之有铭记者。

（八）图书：具有历史价值之简牍、图书、档案、名人法书、墨迹及珍贵之金石拓本等。

（九）货币：古贝、古钱币（如刀、布、钱、锭、交钞、票钞等）。

（十）舆服：具有历史价值之车、舆、船舰、马具、冠履、衣裳、带佩、饰物及织物等。

（十一）器具：古代生产工具、兵器、礼乐器、法器、明器、仪器、家具、日用品、文具、娱乐用品等。

第三条 凡属于上述范围之文物图书，经由中央人民政府核准运往国外展览，或与其他国家交换及其类似情形，并发给许可执照者，准许出口。

第四条 凡无革命、历史、文化价值之文物图书或有革命、历史、文化价值之文物图书的复制品及影印本，均可准许出口。

第五条 凡准许出口之文物图书，其出口地点以天津海关、上海海关、广州海关三处为限。但属于第三条所指情形者，不在此限。

第六条 凡报运出口之文物图书，均须于起运或邮寄前，逐件详细开列种类、名称、大小、年代之清单及装箱单，报由海关或邮局审核。

海关或邮局应按照报运人所报清单，与报运出口之文物图书逐件核对，鉴定，经审核合格者，然后发给运寄许可执照。

海关或邮局对于报运出口之文物图书不能确定其价值时，应交由文物出口鉴定委员会鉴定之。

第七条 文物出口鉴定委员会由中央人民政府文化部于天津上海广州各地邀请专家若干人，海关及邮局指派若干人为委员，共同组成之。

第八条 凡已经海关或邮局审核认为合格，并已发给许可证之文物图书，应由海关或邮局人员监视装箱，与报运人会同加封，以防暗中掉换。

第九条 凡有违犯本办法之规定企图盗运上列禁运出口之文物而经海关或邮局查获者，除没收其物品外，得按情节之轻重予以惩处。

第十条 本办法自公布之日起实行。

2. 古文化遗址及古墓葬之调查发掘暂行办法

（1950年5月24日）

第一条 为保护、研究我国文化遗产，对古文化遗址及古墓葬作有计划之调查及发掘，制定本办法。

第二条 各大行政区人民政府或军政委员会及各省市人民政府，应调查所辖境内有重大历史价值的公共或私人所有之古文化遗址及古墓葬，予以保护，并呈报中央人民政府文化部登记，其登记办法另定之。

第三条 凡因浚河、筑路及进行其他建筑工程而发见有古文化之遗址古墓葬或古物时，应即时报告当地人民政府，当地人民政府应一面按照原状合理保管，一面报告中央人民政府文化部，在未得中央人民政府文化部指示前，不得擅自发掘。其已出土可移动之古物，应由当地人民政府移往安全地带妥为保管。

第四条 凡旅行团体、科学调查团体、或其他学术团体所派遣进行田野工作之调查队，于中途或工作进行中，发见古文化遗址或墓葬时，应一面按照原状保护，一面立即报告当地人民政府转报中央人民政府文化部请示，在未得中央人民政府文化部指示前，不得擅自进行发掘。

第五条 学术机关或群众团体，必须具备田野考古之条件，并经由中央人民政府文化部会同中国科学院审查批准后由中央人民政府文化部发给执照，同时须报请当地的大行政区人民政府或军政委员会备案始得进行发掘工作。中央人民政府文化部并得按照各地团体人力物力之实在情况，劝告该团体与其他适当团体合作，俾发掘工作更臻完善。

第六条 凡拟进行发掘工作之团体应具备下列各项条件：

（1）必须由学识经验丰富之田野考古专家担任实际领导；

（2）必须具有若干谙练发掘工作之技术人员；

（3）必须具有进行发掘工作之详细计划，必需之工具设备，以及足够之经费。

第七条 凡拟进行某项发掘工作之团体，应依下列各项，填具表格，备文呈请中央人民政府文化部批准：

（1）团体之简历，主持人及团员之姓名住址及略历；

（2）经费及设备；

（3）发掘地点之名称坐落与界限，并附平面图；

（4）发掘之目的与施工计划；

（5）发掘之期限。

第八条 凡拟进行发掘工作之团体，在取得中央人民政府文化部之批准后，应将中央人民政府文化部所发之证件向当地政府呈验；并商定具体步骤，始得进行发掘。

进行发掘工作时所占用之土地或建筑物，如系公有者，应商得当地人民政府及该产权所有机关之同意；如系私人所有者，应会同当地人民政府征得业主同意，并给以适当之代价。进行发掘工作时，不得损毁古代建筑雕刻塑像碑文及其他附属地面上之古物遗迹，或减少其价值。其无历史文化价值之建筑物，不得不拆除者，其属于公有者应先征得地方政府机关之同意，其属于私有者，应征得业主之同意，并应付予适当之代价。

第九条 中央人民政府文化部视事实之需要得派员参加协助或督导公私团体之发掘工作。

第十条 发掘工作完毕后，所有挖开之深沟坑井，如与交通水利卫生有关者，发掘团体应商得当地人民政府同意负责恢复原状或作适当之处理。

第十一条 发掘工作因故中止，或因季节地理条件等关系而不得不为间断性之发掘者，应将原因及期限报请中央人民政府文化部，并对发掘地带予以适当之整理。

第十二条 发掘工作进行时，不得将该地无直接关系之文化遗存发掘净尽，应酌留示范性剖面或部分，以供复查及研究。

第十三条 凡发掘竣工后，该负责发掘之团体应将下列各项报请中央人民政府文化部备案：

（1）发掘施工之平面及纵面图及地质层次与古物位置图之副本；

（2）发掘施工之详细过程；

（3）发掘建筑物及古物清册，并注明其有关之价值；

（4）发掘施工之田野日记副本及照片等。

第十四条 发掘团体应于发掘工作完毕后一年以内，完成发掘报告。其研究报告则视实际情形由该团体自行规定其完成之期限。

第十五条 凡地下埋藏及发掘所得之古物、标本概为国有，由中央人民政府文化部及当地之大行政区人民政府或军政委员会文教部协商处理。交中央或地方博物馆保管。其情形特殊者，得先交由该发掘团体从事研究，但该团体于研究完毕后，仍应将各种记录材料研究结果及古物送交中央或地方博物馆公开展览，以供全国人民及学术界之观览及研究。

第十六条 凡进行发掘之团体有违犯本办法之各项规定时，中央人民政府文化部得随时给予警告，警告无效时，得命令其停止发掘工作或撤销其发掘执照。

第十七条 凡发掘所得古物，有不能移动或暂时不易移动者，中央人民政府文化部得委托当地人民政府加以保护管理。

第十八条 中国科学院发掘办法另定之。

第十九条 外国人及外国人所办之团体均不得在我国进行或参加发掘工作，但经中央人民政府特许或特约者不在此限。

第二十条 本办法自公布之日起施行。

第二十一条 本办法如有未尽事宜，由中央人民政府政务院修正之。

3.政务院为规定古迹、珍贵文物图书及稀有生物保护办法并颁发“古文化遗址及古墓葬之调查发掘暂行办法”令

（1950年5月24日）

查我国所有名胜古迹，及藏于地下，流散各处的有关革命、历史、艺术的一切文物图书，皆为我民族文化遗产。今后对文化遗产的保管工作，为经常的文化建设工作之一。兹为保护上述古迹、文物、图书，除现有保护办法照旧适用并制定“古文化遗址及古墓葬之调查发掘暂行办法”颁发外，特规定下列办法：

（一）各地原有或偶然发现的一切具有革命、历史、艺术价值之建筑、文物、图书等，应由各该地方人民政府文教部门及公安机关妥为保护，严禁破坏、损毁及散失；并详细登记（孤本、珍品并应照像）呈报中央人民政府文化部。

（二）在反恶霸斗争土地改革期间，应没收之地主恶霸所有的上项文化遗产，不得听任损坏散佚，或随意分掉；应一律由当地人民政府负责保管，并层报上级政府转报中央人民政府文化部决定处理办法。

（三）珍贵化石及稀有生物（如四川万源之水杉，松潘之熊猫等）各地人民政府亦应妥为保护，严禁任意采捕。

（四）对于上述古迹、珍贵文物、图书及稀有生物保护有功者，经当地人民政府查明后，应报请大行政区或省（市）人民政府予以适当之奖励并转报中央人民政府文化部备案，如有盗卖及破坏情事

当地人民政府应及时加以制止，其情节严重者应拘送当地人民法院依法予以处分；并报请大行政区或省（市）级人民政府，转报中央人民政府文化部备案。

4.政务院征集革命文物令

（1950年6月16日）

中央革命博物馆，业已在京成立筹备处，正式开始征集整理工作。全国各地区对一切有关革命的文献与实物，即应普遍征集。近查各地已有个别进行此项工作之机构，兹为更好的组织此项工作的进行，特规定下列办法，希即遵照办理，并与中央人民政府文化部文物局革命博物馆筹备处取得联系，将办理情形随时通知该处为要。

（1）革命文物之征集，以五四以来新民主主义革命为中心，远溯鸦片战争、太平天国、辛亥革命及同时期的其他革命运动史料。

（2）凡一切有关革命之文献与实物如：秘密或公开时期之报章、杂志、图书、档案、货币、邮票、印花、土地证、路条、粮票、摄影图片、表册、宣言、标语、文告、年画、木刻、雕像、传记、墓表；革命先进和烈士的文稿、墨迹及用品，如：兵器、旗帜、证章、符号、印信、照像、衣服、日常用具等；以及在革命战争中所缴获的反革命文献和实物等，均在征集之列。

（3）各级人民政府、各机关、各社会团体所组织之各种征集革命文物的机构，均应对上项文物认真征集，妥慎缴交中央革命博物馆筹备处或大行政区或省市文教主管机关集中保管，并开列清单层报中央人民政府文化部决定处理办法。

（4）征集方式：分捐赠、寄存、收购三种。对捐赠或寄存上项革命文物之有珍贵价值者，得分别情节，由各级征集机构呈请地方政府或中央人民政府予以褒奖。

（5）各大行政区或省市如条件具备时，亦可筹设地方革命博物馆或在原有博物馆内筹设革命文物陈列室，一切经费由地方开支，但须向中央人民政府文化部报请备案。

5. 各级职工业余教育委员会组织条例

（政务院批准　1950年12月20日教育部公布）

第一条　本条例根据中央人民政府政务院“关于开展职工业余教育指示”的规定制订之。

第二条　全国职工业余教育委员会，由中央人民政府教育部会同中华全国总工会，邀集中央人民政府劳动部及其他有关机关、团体的代表组成之。

第三条　各大行政区、省、市职工业余教育委员会，由各该级人民政府教育部门会同各该地方工会组织，邀集政府劳动部门、政府企业管理部门及主要产业工会、新民主主义青年团、民主妇女联合会等有关机关、团体的代表组成之。

第四条　市属区或县有必要时得组织区或县职工业余教育委员会，由区或县人民政府、工会、文化馆及其他有关机关、团体的代表组成之。

第五条　在厂、矿、企业内，其职工业余教育工作由各该厂、矿、企业的工会领导。如遇重大问题，可提交工厂管理委员会、劳资协商会议或邀集有关方面举行联席会议讨论解决之。如有必要在厂矿企业内组织职工业余教育委员会时，则由工会负责，邀集行政或资方、青年团、技术人员、职工业余教育之干部、教员、学员代表等组成之。

第六条　各级职工业余教育委员会，以各该级政府教育部门的代表为主任委员，工会组织的代表为副主任委员。厂、矿、企业职工业余教育委员会，则以工会组织的代表为主任委员，行政或资方的代表为副主任委员。

第七条　除全国职工业余教育委员会的任务，在中央人民政府政务院“关于开展职工业余教育指示”中已有规定外，各大行政区、省、市及区、县职工业余教育委员会的任务如下：

甲、讨论并制订当地职工业余教育的具体方针、计划及实施办法。

乙、讨论并决定当地经费调剂与动用的原则及教员待遇、经费开支标准事项。

丙、讨论并决定教员的培养、训练及调配事项。

丁、讨论并决定各种奖励事项。

戊、听取并讨论工作报告。

已、讨论并决定其他重大事项。

第八条　各级职工业余教育委员会的决议，由各级人民政府教育部门发布之，各有关方面均须遵照执行。但厂、矿、企业职工业余教育委员会的决议，则视其性质由工会、行政或资方会衔或分别发布之。

第九条　各级职工业余教育委员会之间，无直接的行政领导关系；但上级职工业余教育委员会得派员检查下级职工业余教育委员会范围内的工作，下级职工业余教育委员会应向上级职工业余教育委员会定期作工作报告。

第十条　职工业余教育各项工作，由参加各级职工业余教育委员会的各单位，根据统一领导，分工合作的原则，实行下列的分工：

甲、有关教育行政的管理，由政府教育部门负责。

乙、有关教学业务的改进，由政府教育部门负责，工会配合。

丙、有关职工学习的动员、组织及职工学习情况的了解，由工会负责，青年团及妇联配合。

丁、有关学习时间及其他学习条件的保证，由政府企业管理部门及劳动部门负责，由工会、青年团及妇联配合。

第十一条　各级职工业余教育委员会，一般每两月召开一次，由主任委员召集之，必要时可召集临时会议。

第十二条　各级职工业余教育委员会，得视工作需要由政府教育部门及工会组织抽调一定数量的干部设秘书处或工作组，负责处理会务及有关职工业余教育的检查和研究工作。

第十三条 各级职工业余教育委员会的办公费，由各级人民政府教育部门行政费内开支报销。

第十四条 本条例经中央人民政府政务院批准，由中央人民政府教育部公布施行。

6. 高等学校暂行规程

（1950年7月28日政务院第四十三次政务会议批准
1950年8月14日教育部公布）

第一章　总　纲

第一条　中华人民共和国高等学校的宗旨为根据中国人民政治协商会议共同纲领第五章的规定，以理论与实际一致的教育方法，培养具有高级文化水平，掌握现代科学和技术的成就，全心全意为人民服务的高级建设人才。

第二条　高等学校的具体任务如下：

（一）根据中国人民政治协商会议共同纲领，进行革命的政治及思想教育，肃清封建的、买办的、法西斯主义的思想，树立正确的观点和方法，发扬为人民服务的思想；

（二）适应国家建设的需要，进行教学工作，培养通晓基本理论并能实际运用的专门人才：如工程师、教师、医师、农业技师、财政经济干部、语文和艺术工作者；

（三）运用正确的观点和方法，研究自然科学、社会科学、哲学、文学、艺术，以期有切合实际需要的发明、著作等成就；

（四）普及科学和技术的知识，传播文学和艺术的成果。

第三条　高等学校包括大学及专门学院两类。为适应国家建设的急需得设立专科学校，其规程另定之。

第四条　大学及专门学院的设立与停办，由中央人民政府教育部（以下简称中央教育部）报请中央人民政府政务院（以下简称政务院）决定之。

第五条 大学及专门学院设若干学系，其设立或变更由中央教育部决定之。

第六条 大学如有必要，得设学院，并在学院内设若干学系；学院及学系的设立或变更，由中央教育部决定之。

第七条 大学及专门学院修业年限，依各该系课程的繁简分别规定以三年至五年为原则。

第八条 大学及专门学院为培养及提高师资，加强研究工作，经中央教育部批准，得设研究部或研究所，其规程另定之。

第九条 大学及专门学院为适应国家建设的急需，经中央教育部批准，得附设专修科及训练班。

第二章 入 学

第十条 凡年满十七岁、身体健康、在高级中学或同等学校毕业或有同等学力，经入学考试及格者，不分性别、民族、宗教信仰，均得入学。

第十一条 大学及专门学院对于具有相当于高中毕业程度的下列学生：（一）具有相当工作历史的革命干部；（二）工农青年；（三）少数民族学生；（四）华侨学生；应予以入学及学习的特别照顾。其办法另定之。

第三章 课程、考试、毕业

第十二条 大学及专门学院各系课程，应根据国家建设的需要及理论与实际一致的原则制定。课程标准另定之。

第十三条 大学及专门学院应将各课目的教学计划及教学大纲，报请中央教育部备案。

第十四条 大学及专门学院学生须于最后一学年确定专题经系主任核准，由教学研究指导组主任或其指定的教师指导，撰写毕业论文或专题报告。在特殊情形下毕业论文得以他种工作成绩代替之。

第十五条 大学及专门学院考试分为入学考试、平时考试、学期考试及毕业考试。

第十六条 大学及专门学院学生依照规定课程修业期满，成绩及格者，由学校报请中央教育部核准发给毕业证书。

第四章 教学组织

第十七条 大学及专门学院教师，分为教授、副教授、讲师、助教四级，均由校（院）长聘任，报请中央教育部备案。

第十八条 教学研究指导组（以下简称教研组）为教学的基本组织，由一种课目或性质相近的几种课目之全体教师组成之；各教研组设主任一人，由校（院）长就教授中聘任，报请中央教育部备案。其职责如下：

（一）领导本组全体教师，讨论及制定本组课目的教学计划与教学大纲；

（二）领导及检查本组的教学工作和研究工作；

（三）领导与组织本组学生的自习、实验及实习。

第五章 行政组织

第十九条 大学及专门学院采校（院）长负责制；大学设校长一人，专门学院设院长一人，其职责如下：

（一）代表学校；

（二）领导全校（院）一切教学、研究及行政事宜；

（三）领导全校（院）教师、学生、职员、工警的政治学习；

（四）任免教师、职员、工警；

（五）批准校（院）务委员会的决议。

第二十条 大学及专门学院得设副校（院）长一人或二人；协助校（院）长处理校（院）务，校（院）长缺席时代行其职务；副校（院）长得兼教务长。

第二十一条 大学及专门学院，设教务长一人，必要时得设副教务长，对校（院）长负责，由校（院）长就教授中遴选提请中央教育部任命之。其职责如左：

（一）计划、组织、督导、检查全校（院）各系及各教研组的教学工作；

（二）计划、组织、督导、检查全校（院）的科学研究工作；

（三）校（院）长及副校（院）长均缺席时代行其职务。

第二十二条 大学及专门学院设总务长一人，对校（院）长负责，主持全校（院）的行政事务工作。由校（院）长提请中央教育部任命之。

第二十三条 大学及专门学院图书馆，设馆长或主任一人，对教务长负责，主持图书馆一切事宜，由校（院）长聘任，报请中央教育部备案。

第二十四条 大学及专门学院的系，为教学行政的基层组织，各设主任一人，受教务长领导（在设有学院之大学，则受教务长与院长双重领导）；由校（院）长就教授中聘任，报请中央教育部备案。其职责如下：

（一）计划并主持本系的教学行政工作；

（二）督导执行本系教学计划；

（三）领导并检查本系学生的自习、实验及实习；

（四）考核本系学生成绩；

（五）总结本系教学经验；

（六）提出有关本系教职员任免的建议。

第二十五条 大学设有学院者各院设院长一人，由校长就教授中聘任，报请中央教育部备案。其职责如下：

（一）计划并主持本院教学行政工作；

（二）督导本院各系执行教学计划；

（三）提出本院各系主任人选的建议。

第二十六条 大学及专门学院在校（院）长领导下设校（院）务委员会，由校（院）长、副校（院）长、教务长、副教务长、总务长、图书馆长（主任）、各院（大学中的学院）院长、各系主任、工会代表四人至六人及学生会代表二人组成之，校（院）长为当然主席。校（院）务委员会的职权如下：

（一）审查各系及各教研组的教学计划、研究计划及工作报告；

（二）通过预算和决算；

（三）通过各种重要制度及规章；

（四）议决有关学生重大奖惩事项；

（五）议决全校（院）重大兴革事项。

校（院）务委员会得设常务委员会及各种专门委员会。

第二十七条 大学及专门学院在教务长领导下举行教务会议，若干系主任的联席会议及若干教研组主任的联席会议，在总务长领导下举行总务会议；在各系主任领导下举行系务会议。大学设有学院者，在院长领导下举行院务会议，代替系主任联席会议。

第六章 社 团

第二十八条 大学及专门学院的工会、学生会等社团应团结全校（院）员工、学生，协助学校完成教学及行政计划，推动全校（院）员工、学生的政治、业务与文化学习，并增进员工、学生的生活福利。

第二十九条 大学及专门学院得成立各种学术团体以促进科学、文化的提高与普及。

第七章 附 则

第三十条 现有大学或专门学院因实际困难，不能完全实施本规程中关于行政组织的规定者，得报经大行政区教育部（文教部）审核后，转报中央教育部批准，变通执行。

第三十一条 私立大学及专门学院除遵守本规程外，并须遵守“私立高等学校管理暂行办法”。

第三十二条 本规程由中央教育部报经政务院批准后颁布施行，其修改同。

7. 专科学校暂行规程

（1950年7月28日政务院第四十三次政务会议批准
1950年8月14日教育部公布）

第一条 为适应国家建设的急需，根据高等学校暂行规程第三条的规定，设立专科学校，以理论与实际一致的教育方法，培养能掌握现代科学和技术的成就，全心全意为新民主主义建设服务的专门技术人才。

第二条 专科学校的具体任务如下：

（一）根据中国人民政治协商会议共同纲领，进行革命的政治及思想教育，肃清封建的、买办的、法西斯主义的思想，树立正确的观点和方法，发扬为人民服务的思想；

（二）适应国家建设的急需，进行教学工作，培养通晓基本理论并能实际运用的专门技术人才，如工业技师、农业技师、教师、医师、药剂师、财政经济干部、文艺工作人员等；

（三）普及科学和技术的知识，传播文学和艺术的成果。

第三条 专科学校的设立或停办，由中央人民政府教育部（以下简称中央教育部）或与政府其他业务部门协商决定之。

第四条 专科学校得分设若干学科，其设立或变更，由中央教育部或与政府其他业务部门协商决定之。专科学校经中央教育部批准，得附设训练班。

第五条 专科学校修业年限，依各该科课程的繁简，分别定为二年至三年。

第六条 凡年满十七岁，身体健康、在高级中学或同等学校毕业或有同等学力、经入学考试及格者，不分性别、民族、宗教信仰，均得入学。

第七条 专科学校对于具有相当于高中毕业程度的下列学生：（一）具有相当工作历史的革命干部；（二）工农青年；（三）少数民族学生；（四）华侨学生；应予以入学及学习的特别照顾，其办法另定之。

第八条 专科学校学生依照规定课程修业期满，成绩及格者，由学校报请中央教育部核准发给毕业证书。

第九条 专科学校各科课程，应根据国家建设的需要及理论与实际一致的原则制定。课程标准另定之。

第十条 专科学校应将各课目的教学计划及教学大纲，报请中央教育部备案。

第十一条 专科学校考试分为入学考试、平时考试、学期考试及毕业考试。

第十二条 专科学校教师，分为教授、副教授、讲师、助教四级，均由校长聘任，报请中央教育部备案。

第十三条 教学研究指导组（以下简称教研组）为教学的基本组织，由一种课目或性质相近的几种课目的全体教师组成之。

各教研组设主任一人，由校长就教授中聘任，报请中央教育部备案。其职责如下：

（一）领导本组全体教师，讨论及制定本组课目的教学计划与教学大纲；

（二）领导及检查本组的教学工作；

（三）领导与组织本组学生的自习、实验与实习。

第十四条 专科学校采校长负责制，设校长一人，由中央教育部任命之。其职责如下：

（一）代表学校；

（二）领导学校一切教学及行政事宜；

（三）领导全校教师、学生、职员、工警的政治学习；

（四）任免全校教师、职员、工警；

（五）批准校务委员会的决议。

第十五条 专科学校设教务主任一人，对校长负责，掌理全校教学工作，由校长就教授中聘任，报请中央教育部备案。其职责如下：

（一）计划、组织、督导、检查全校各科及各教研组的教学工作；

（二）校长缺席时，代行其职务。

第十六条 专科学校设总务主任一人，对校长负责，主持全校的行政事务工作。由校长聘任，报请中央教育部备案。

第十七条 专科学校图书馆，设主任一人，对教务主任负责，主持图书馆一切事宜，由校长聘任，报请中央教育部备案。

第十八条 专科学校的科，为教学行政的基层组织，各设主任一人，对教务主任负责。由校长就教授中聘任，报请中央教育部备案。其职责如下：

（一）计划并主持本科的教学行政工作；

（二）督导执行本科教学计划；

（三）领导并检查本科学生的自习、实验及实习；

（四）考核本科学生成绩；

（五）总结本科教学经验；

（六）提出有关本科教职员任免的建议。

第十九条 专科学校在校长领导下设校务委员会，由校长、教务主任、总务主任、图书馆主任、各科主任、工会代表四人至六人及学生会代表二人组成之，校长为当然主席。校务委员会的职权如下：

（一）审查各科及各教研组的教学计划及工作报告；

（二）通过预算和决算；

（三）通过各种重要制度、规章；

（四）议决有关学生重大奖惩事项；

（五）议决全校重大兴革事项。

校务委员会得设常务委员会及各项专门委员会。

第二十条 专科学校在教务主任领导下举行教务会议，及若干教研组主任的联席会议；在总务主任领导下举行总务会议；在各科主任领导下举行科务会议。

第二十一条 专科学校的工会、学生会等社团应团结全校员工、学生，协助学校完成教学及行政计划，推动全校员工、学生的政治、业务与文化学习，并增进员工、学生的生活福利。

第二十二条 专科学校得成立各种学术团体以促进科学技术的提高与普及。

第二十三条 私立专科学校除遵守本规程外，并须遵守“私立高等学校管理暂行办法”。

第二十四条 本规程由中央教育部报经政务院批准后颁布施行，其修改同。

8. 私立高等学校管理暂行办法

（1950年7月28日政务院第四十三次政务会议批准
1950年8月14日教育部公布）

第一条 为加强领导并积极扶植与改造私立高等学校，以适应国家建设需要，特制定本办法。

第二条 私立高等学校（大学、专门学院及专科学校）方针、任务、学制、课程、教学及行政组织，均须遵照“高等学校暂行规程”及“专科学校暂行规程”办理。

第三条 私立高等学校经大行政区教育部或文教部（以下简称大行政区教育部）审查，其办理成绩优良而经费确属困难者，得报请中央人民政府教育部（以下简称中央教育部）批准酌予补助。

第四条 私立高等学校的行政权、财政权及财产所有权均应由中国人掌握。

第五条 全国私立高等学校，无论过去已经立案与否，均须重新申请立案。申请时，由校董会详开左列各事项，报经大行政区教育部审查后，转报中央教育部核准立案：

（1）学校名称及其所在地；

（2）学校沿革；

（3）校董会章程；

（4）校董姓名、年龄、籍贯、学历、经历及住址；

（5）校地及校舍之平面图及说明书；

（6）资产、资金或其他收入之详细项目及证明文件；

（7）图书仪器、标本、校具等设备状况；

（8）本年度经常费预算表；

（9）教学与行政组织、编制、课程及各种规章；

（10）教职员履历表；

（11）学生一览表。

第六条 私立高等学校校（院）长及副校（院）长由校董会任免，其他主要人员，由校（院）长任免，报经大行政区教育部核准转报中央教育部备案。

第七条 私立高等学校，应将教学、行政及经费等情况，按期报经大行政区教育部审核后，转报中央教育部备案。

第八条 私立高等学校不得以宗教课目为必修科或强迫学生参加宗教仪式与活动。

第九条 私立高等学校的资金、资产、校地、校舍房屋与一切设备，其所有权尚未移转于学校者，应办移转手续。

第十条 私立高等学校的财产，不得移作学校经费以外之用。其校产不经由大行政区教育部转报中央教育部核准，不得为物权之转移。

第十一条 私立高等学校如欲停办或变更，其校董会须于学年结束五个月前报经大行政区教育部审查转报中央教育部核准。

如经核准停办，应由校董会报请大行政区教育部批准，组织财产清理委员会处理校产；其处理办法由大行政区教育部报请中央教育部核准。

第十二条 私立高等学校办理不善或违背法令时，大行政区教育部得报请中央教育部批准令其改组校董会，更换校长，改组或停办学校。

第十三条 华北五省二市之私立高等学校，由中央教育部依照以上各项规定直接管理。

第十四条 本办法由中央教育部报经政务院批准后颁布施行，其修改同。

9. 中等专业学校章程

（1954年7月9日政务院第二百二十一次政务会议批准）

第一章　任　务

第一条　中等专业学校的任务：在于培养具有马克思列宁主义基础知识、普通教育的文化水平、和基础技术的知识、并能掌握一定专业的，身体健康，全心全意为社会主义建设服务的中等专业干部。

第二条　为完成此项任务，（主管部门名称）所属之（学校名称）学校，应根据中央人民政府高等教育部（以下简称中央高教部）批准设置的专业，培养干部，并依据本章程进行工作。

第二章　学　生

第三条　凡在初级中学毕业或具有同等学力，年龄自十五周岁至二十五周岁的中华人民共和国人民，均可投考中等专业学校。工农干部、产业工人和少数民族的入学年龄可放宽至三十周岁。

第四条　凡投考中等专业学校者，须持有初级中学毕业证书或具有同等学力的证件，及体格检查证（在职干部并须有服务机关许可的证明），经考试录取后方得入学。其考试科目为：

（一）中国革命常识

（二）中国语文

（三）数学

第五条　凡投考建筑艺术和美术学校者，应加考图画；投考体育、音乐和戏剧等学校者，应按其专业性质增加考试项目。

第六条　凡烈属军属子女、产业工人、革命工作干部、青年农民、工农子女、少数民族，其投考成绩与其他学生同等者，应优先录取。

第七条 中等专业学校的学生必须：

（一）认真学习政治和时事，不断地提高自己的政治觉悟；

（二）努力学好各门课程，准时上课，按时完成课外作业、实验室和研究室作业，并在规定期限内完成各项考试和参加教学实习与生产实习；

（三）遵守纪律，服从校长和教师的指示；

（四）对校长、副校长、教师、职员、服务员以及同学之间都应有礼貌；

（五）遵守校内规则；

（六）爱护公共财物；

（七）积极参加文娱体育活动，经常注意清洁卫生；

（八）随时携带学生证，并注意保存之。

第八条 对学业和操行均属优等的学生，应分别给予下列奖励：

（一）表扬

（二）发给奖品

（三）发给奖状

凡学生所受奖励，应记载于其个人材料中。

第九条 对违反校内规则的学生，应着重说服教育，必要时可根据情节轻重，分别给予下列处分：

（一）劝告

（二）当众警告

（三）最后警告

（四）开除学籍

凡学生所受处分，应记载于其个人材料中。除开除学籍外，当学生把自己的错误改正后，校长得撤销其处分，并在其个人材料中注明。

第十条 对一贯违犯校内规则与学习纪律、以及行为恶劣者，经校务会议讨论通过后，由校长批准公布开除，并呈报主管业务部门备案。

第十一条 学生修业期满，经国家考试或毕业设计答辩及格时，由学校发给证明资格的中等专业学校毕业证书。如学业、操行成绩均属优等者，发给成绩优等的毕业证书。

第十二条 学生毕业后，由主管业务部门统一分配工作。服务满三年后，经服务机关批准，得投考高等学校。

第十三条 凡学业、操行均属优等的毕业生，不经服务期间，亦可由主管业务部门保送，经中央高教部批准，免试入同一性质的高等学校学习。

第十四条 学生因疾病或特殊事故，确实不能继续学习者，得准其休学一年。休学期满未办理复学手续者，应取消其学籍。

第十五条 学生无正当理由，不得要求退学、转学或转专业；如确须退学、转学或转专业时，须经主管业务部门批准。

第三章 教学工作的组织

第十六条 为了保证教学质量，培养学生独立工作的能力，特规定如下的教学工作方式：

（一）上课；

（二）实验室、研究室、实习工厂、实习农场、教学医院等处的实习工作；

（三）课外作业；

（四）生产实习；

（五）课程设计和毕业设计。

第十七条 每学年由九月一日开始，分为两个学期。在教学计划中，规定理论教学、教学实习、生产实习、考试及寒暑假等时间。

第十八条 教学计划由主管业务部门制定，经中央高教部批准后实施。

第十九条 普通课和基础技术课的教学大纲，由中央高教部制定和批准。专业课的教学大纲，由主管业务部门制定和批准。

第二十条　学校在每一学期开始以前制定课程表，并于开学前十日公布之。每门课程一般应连上两个教学小时（两堂）。每一教学小时为四十五分钟，两堂之间休息十分钟。

第二十一条　教学以班为单位，每班规定为四十人。

第二十二条　学生学习成绩和操行等级，以五级分制评定之：5.4.3.2.1。学生学习成绩，按平时成绩、考查和考试成绩评定之。学生操行等级，以其在校内外的品行表现评定之。

第二十三条　学生升留级的标准，应根据中央高教部关于中等专业学校考试的规定确定之。

第四章　教　师

第二十四条　中等专业学校的教师，须具有高等教育文化水平。在特殊情况下，具有中等专业教育文化水平并有教学经验和生产经验者，经主管业务部门批准，亦可担任之。

第二十五条　中等专业学校的教师由校长聘任之。

第二十六条　中等专业学校教师的职责：

（一）按教学计划、教学大纲及课程表所规定的范围进行教学工作；

（二）对学生进行系统的理论知识教育，培养其独立工作的能力，经常考核学生的学习成绩，指导与检查学生的课外作业；

（三）对学生进行政治思想教育工作；

（四）参加学科委员会及教学方法研究工作；

（五）领导学生课外学科小组的工作；

（六）应系统地学习马克思列宁主义和毛泽东思想，提高自己的政治思想水平，并不断提高自己的业务水平。

第二十七条　教师经校长聘任，得担任学科委员会主任和实验室、研究室主任。

第二十八条　教师经校长聘任，得担任班主任。班主任的工作职责另定之。

第五章　组织与领导

第二十九条　中等专业学校须有以下组成部分：

（一）科与专业

（二）学科委员会

（三）教学辅助机构（图书馆、实验室、研究室、实习工厂、实习农场等）。

第三十条　科与专业的设置和变更，由主管业务部门提请中央高教部批准之。

第三十一条　教学辅助机构的设置和变更，由主管业务部门根据中央高教部的规定批准之。

第三十二条　中等专业学校行政和教学辅助人员的编制，由主管业务部门根据中央高教部规定的编制标准确定之；教师的编制，则根据中央高教部关于教师工作量的计算标准和教学计划规定的课程时数确定之。

中等专业学校校长

第三十三条　中等专业学校的领导人为校长。校长由主管业务部门任免，报中央高教部备案。

第三十四条　中等专业学校校长对主管业务部门与中央高教部负责，领导学校完成培养专业干部的任务，其职责：

（一）在个人负责的基础上，领导学校的全部活动并代表学校；

（二）执行教学计划和教学大纲；

（三）检查教师的工作；

（四）检查学生的学习成绩；

（五）领导学生和教职员工的政治、业务与文化学习；

（六）领导全校的体育活动，并注意学生的健康状况；

（七）批准课程表和校内规则，并监督其执行；

（八）完成学校的招生与毕业的计划；

（九）根据中央高教部关于学生人民助学金的规定，审查批准学生人民助学金；

（十）处理学校经费，掌管学校财产；

（十一）组织学生和教师的福利工作。

教务副校长

第三十五条 中等专业学校的教务副校长，由校长提请主管业务部门任免之。

第三十六条 教务副校长对校长和主管业务部门负责，领导学校的教务机构、教学工作及生产实习等工作，其职责：

（一）组织和领导教学方法研究工作及检查教学工作；

（二）制订课程表和考试计划，并监督其执行；

（三）组织和领导学生教学实习和生产实习工作；

（四）领导学生的政治思想教育工作；

（五）领导科和学科委员会的工作；

（六）领导和监督图书馆、实习工厂、实习农场等工作；

（七）组织和领导关于提高教师及教学辅助人员业务水平的工作；

（八）校长因故不在时，代理其职务。

总务副校长

第三十七条 中等专业学校的学生在五百人以上者，得设总务副校长，不满五百人者，只设总务主任，均由校长提请主管业务部门任免之。

第三十八条 总务副校长的职责：

（一）领导学校的总务机构；

（二）领导学校的基本建设及校舍、设备等的修缮工作；

（三）供应教室、实验室、研究室、实习工厂、实习农场等教学上必需的用品、设备及材料；

（四）管理学生及教职员工的食宿及其他生活福利事项；

（五）监督学校整洁卫生和领导医务室工作；

（六）领导服务员的教育工作；

（七）领导学校的警卫及安全工作。

科

第三十九条 科是由若干性质相近的专业所组成的教学行政组织。

第四十条 科主任由该科担任主要课程的教师中遴选，经校长提请主管业务部门任免之。

第四十一条 科主任的职责：

（一）直接领导本科的教学工作与教学方法的研究工作，组织进行教学实习和生产实习；

（二）保证执行教学计划和教学大纲；

（三）准备编制课程表所需的材料；

（四）检查本科学生的学习成绩；

（五）检查本科学生的纪律；

（六）领导班主任工作；

（七）领导本科学科委员会的工作。

学科委员会

第四十二条 学科委员会是某一门课程或性质相近的几门课程任课教师的联合组织，在教务副校长领导下进行工作。每一学科委员会的教师不得少于三人。

第四十三条 学科委员会的成员，包括所有任课教师及实习指导员。

第四十四条 中等专业学校学科委员会的设置，由主管业务部门根据中央高教部批准的教学计划确定之。

第四十五条 学科委员会主任在该学科委员会内教师中遴选，由校长聘任之。

第四十六条 学科委员会主任按教务副校长所批准的工作计划直接领导本委员会进行工作。

第四十七条 学科委员会的任务：讨论教学工作和思想教育工作的方法，教师的学期授课计划和课时授课计划，学生学习成绩，教师的工作，研究室、实验室、实习工厂、实习农场的工作，研究教学大纲、教科书、参考书及根据主管业务部门的委托编译教学大纲和教材等工作。

教学辅助人员

第四十八条 中等专业学校应设有下列教学辅助人员：

（一）图书馆主任及馆员

（二）实习指导员

（三）实验员

（四）研究室助理员

以上教学辅助人员均由校长任免之。

校务会议

第四十九条 中等专业学校的校务会议以校长为主席，其组织成员为：教务副校长、总务副校长、各科主任、全体教师、教学辅助机构的领导人及党、工会、青年团代表，另外亦可请主管业务部门代表参加。校务会议得设秘书一人，由教师中推选，其任期为一年。

第五十条 校务会议按校长规定的时间召开，但在一学年内不得少于三次。

第五十一条 校务会议主要讨论学校的学年及学期工作计划与教学及总务工作总结，新学年及新学期的准备工作，学生学习成绩总结，教学实习和生产实习工作，学生健康情况、遵守纪律情况及政治思想教育工作，各科和各学科委员会的工作报告，教学辅助机构的工作，如何提高教师和其他工作人员的政治和业务水平及其他重要问题。

第五十二条 校务会议的决议，经校长批准后始可生效。

第六章 中等专业学校的经费

第五十三条 中等专业学校的经费，由主管业务部门拨给，由学校编造预算，报主管业务部门批准。

第五十四条 中等专业学校为独立的机关，有法定的地位，并有主管业务部门所批准的财务计划。

第五十五条 中等专业学校的校印，由主管业务部门根据中央高教部的统一规定刊发。

第七章 章程颁发的程序

第五十六条 中等专业学校章程，由中央高教部根据主管业务部门的提请，发给经过调整设置专业的学校和经过批准的新建学校。

第五十七条 （学校名称） 学校校址设在（学校所在地名）

10.高等教育部关于中等专业学校的设置、停办的规定

（1955年3月22日）

根据1954年9月26日政务院“关于改进中等专业教育的决定”规定：“中等专业学校的设置与停办，由主管业务部门提经高等教育部转呈政务院批准。”为此，特作如下规定：

（甲）中等专业学校的设置

一、各业务部门设置中等专业学校，应向高等教育部提出申请，并附送下列资料：

1.学校校名、校址、组织机构、编制及设置科别和专业设置计划；

2.所设各专业在第一年的招生数及学校发展规模；

3.保证学校开学所需教学计划、教学大纲、教材、教学参考资料的准备计划，新设专业的教学计划草案；

4.学校的教学设备、校舍建设计划；

5.学校行政领导干部及教学人员的配备计划。

二、高等教育部收到上述资料，经审查提出意见，报请国务院批准后，即通知有关业务部门，规定完成保证学校开学所必需的一切准备工作的期限（包括师资、校舍、设备、教学计划、教学大纲、教材等）。

三、各业务部门在完成一切准备工作后，应向高等教育部办理校长任命备案手续，并申请颁发校章。高等教育部接受上述申请，经审查同意后，即向有关业务部门发出关于颁发校章及同意专业和科的设置的通知。

（乙）中等专业学校的停办和合并

四、各业务部门停办或合并中等专业学校，应向高等教育部提

出申请，说明停办或合并学校的原因，并附送下列资料：

1. 现有学生及教职员工安置方案；

2. 现有校舍及设备的调配方案。

如学校的停办或合并牵涉到两个以上业务部门，其申请文件应由各有关业务部门会衔签署。

五、高等教育部就业务部门提出的申请文件和资料加以审查，提出意见，报请国务院批准以后，即通知有关业务部门，规定学校停办或合并的日期，以及学校向有关方面移交档案的日期。

六、学校的停办或合并工作应尽量不影响学期中正常教学工作的进行，并必须在学年或学期结束后始能停止教学工作。

11. 教育部关于中学和师范学校招生工作的规定

（1955年6月10日）

做好中学和师范学校的招生工作，是保证实现国家教育建设计划的重要关键之一。各地区对于招生工作应加强领导，对于考生应进行全面、认真的考核，以贯彻提高教育质量的方针，保证招生计划的完成。为此，特对今后中学和师范学校的招生工作，作如下的规定：

一、中学和师范学校的招生工作以省、市为单位统一领导进行。今后除个别地区有必要实行统一招生外，一般应根据具体情况，采取同一地区的学校联合招生或由各校单独进行招生的办法。

二、各省、市应组织中等学校招生委员会，在省、市人民委员会领导下，统一计划、布置，督促指导省、市内中等学校招生工作。招生委员会由教育、劳动、人事、卫生厅、局负责人并会同青年团省、市委员会等有关方面组成之，同时吸收在各该省、市内办有中等专业学校的中央或省、市业务部门或学校参加。教育厅、局长任委员会的主任委员。

省属专、市、县如需要时，亦可分别建立招生委员会，在省招生委员会统一领导下，负责督促指导各该专、市、县内中等学校的招生工作。

各校如联合招生或单独进行招生时，可分别成立招生办公室，在上级招生委员会领导下，负责办理招生工作。

三、凡在高小毕业或具有同等学历者可报考初级中学和初级师范学校；凡在初级中学毕业或具有同等学历者可报考高级中学和师范学校。入学年龄，初级中学以十二足岁、高级中学以十五足岁为原则。各地区在具体规定入学年龄时，可参照当地本届高小及初级中学毕业生的实际年龄酌予伸缩。师范学校学生的入学年龄为十五足岁至三十足岁。

少数民族地区的初级师范学校可招收年在二十五足岁以下的高小毕业或具有同等学历的学生。

四、高小毕业生报考初级中学和初级师范学校或初级中学毕业生报考高级中学和师范学校须缴验毕业证书或毕业证明书及原校操行评定材料。同等学历的考生须缴验有关文化程度的参考证件和当地政府或派出所开具的户口证明。如系进过小学或初级中学须持具原肄业学校的修业证明文件，以防止在校学生躐等冒进。复员转业军人须有部队或机关的证明文件，在职干部须有原服务机关的许可证件。

学生报考时不得虚报学历和伪造证件，如查有此项行为，即取消其报考资格，入学后得开除其学籍。

五、报考高级中学和师范学校的学生，应尽可能缴验最近一年内医院的体格检查证或原校健康卡片；报考初级中学和初级师范学校的学生，如原校有健康卡片亦应缴验。凡有条件的地区，应尽可能每年对应届毕业生进行一次健康检查。对于同等学历的考生应在可能范围内令其到指定的医院检查，在审查学生健康情况时，可参考附件的规定。

六、初、高级中学和师范学校招生考试日期，每年以在7月21日至25日举行为原则。省、市招生委员会可根据具体情况，统一规定。毗邻的省、市，为划一考试日期，可自行联系。

各地区应积极说明学生在本地区投考学校。

七、初、高级中学和师范学校考试科目规定如下：

初级中学和初级师范学校的考试科目为：语文、算术。

高级中学和师范学校考试科目为：语文、数学（包括算术、代数、平面几何）、政治常识。

各地区在执行上项规定时，必须注意对教师和学生做好思想工作，使他们认识到升学考试主要是测验学生对某些基本学科的知识的理解和掌握程度，不必要考试所有学科。但学生在高小和初级中学学习期间，对于各门学科必须认真学习，打好基础。1955年的考试科目，如思想工作还没有一定的基础时，可以参照过去办法，自行规定。

对于以同等学历报考高级中学和师范学校的学生，为了全面考查他们是否达到初级中学毕业的水平，可加考理化、史地、生物等科。

八、各科命题应注意下列各项：

1.初级中学和初级师范学校入学考试命题应根据高小各科教学大纲和教科书，高级中学和师范学校入学考试命题应根据初级中学各科教学大纲和教科书，以测验学生对各科最主要的基础知识的理解和掌握程度（目前尚无教学大纲的应根据教科书）。

2.题目的繁简和分量要恰当，题意要明白。通过考试要能看出不同程度学生的知识质量。

3.初级中学、初级师范学校入学考试命题可吸收高小教师参加，高级中学、师范学校入学考试命题可以吸收初级中学教师参加。

4.命题工作应严格注意保密。

各科试题由省、市招生委员会统一制定。如目前统一制定试题有困难时，可由联合招生的机构或学校制定，报省、市招生委员会或专、市、县招生委员会审查批准。在命题时，应同时做出完整的答案及评卷标准作为评卷时的依据。

九、录取新生时必须审慎严格，根据学生考试成绩、身体条件、并参考操行成绩等全面考虑，择优录取。具体录取标准由各地区根据实际情况，自行规定。

在确定录取新生时，对烈属应予以照顾，其余照顾对象可根据当地具体情况决定，但必须注意掌握保证质量的原则。

十、为了鼓励学生重视在校的平时学习，启发他们在学习期间能自觉地做到身体好、功课好、品行好，今后中学和师范学校招生应有计划的逐步实行保送升学办法。保送一部分品学兼优、身体健康的高小和初级中学毕业生免试升入初、高级中学和师范学校。保送名额以不超过招生总数的15%为原则。各省、市可根据具体情况先从部分学校开始试行。保送条件、保送手续及选拔办法由各省、市自行规定。

十一、加强应届毕业生的思想教育工作，是做好招生工作的重要环节。各地区应根据中共中央宣传部“关于高小和初中毕业生从事劳动生产宣传提纲”，在过去实施劳动教育的基础上，进一步加强对学生的升学就业指导教育。学生在报名、考试、发榜的前后，思想变化较大，问题较多，各校必须抓紧班主任工作，组织各科教师会同青年团、学生会等组织，并联系学生家长，针对学生各个不同时期的思想特点，深入细致地进行教育，树立他们对待升学和从事工农业劳动生产的正确态度。同时并运用各种有效的方式向社会各阶层进行宣传教育，形成新的社会舆论，以影响和教育学生。

师范学校地方性较大，关系地区小学师资的自给自足问题，各地区在布置招生任务时，应注意适当安排，并根据不同情况进行必要的宣传教育工作，以保证招生任务的完成。

十二、为了加强招生工作的计划性，今后各省、市应根据中央核定的招生计划，结合当地社会经济、文化发展的情况，考虑学校网的分布和各校的基础条件，以及今后的发展规模，对各专、市、县及学校的招生任务作适当的安排，以逐步改变目前有些地区学校分布不合理，过于集中或规模过大的情况。

十三、招生工作是一项比较复杂、细致的工作，各省、市招生委员会在招生工作进行中应注意重点掌握一两个地区，深入了解情况，协助解决有关问题，以便吸取经验，加强对各地的具体指导。

每年招生工作结束后，各省、市应于10月底以前就招生工作的基本情况（包括组织领导、宣传教育、考试题目及录取标准、新生质量的分析、保送升学的实施办法等）、主要经验教训及今后改进意见作成总结报部（有关中学、师范学校的统计数字应分列）。

十四、各省、市应根据本规定结合本省、市实际情况，自行制定每年中学和师范学校招生办法，并报部备案。

学生健康检查不合格的各种项目

一、患显发性心脏病或代偿机能发生障碍者。

二、肺浸润进展期、溶解播散期、吸收好转期或痰内有结核菌者以及浓胸尚未痊愈者。

三、脊椎结核及其他骨关节结核尚未治愈者。

四、两眼视力矫正（即配戴眼镜）后低于〇.四者；或一眼失明另一眼矫正后低于〇.六者。

五、两耳耳聋或重听者。

六、患麻疯病或花柳病尚未完全治愈者。

七、曾患神精病或癫痫时常发作者。

八、口腔、喉病、鼻病、口吃妨碍发音难于矫正者（仅限于师范学校）。

12. 管理书刊租赁业暂行办法

（1955年7月20日国务院发布）

第一条 依照中华人民共和国宪法第八十七条、第九十四条、第九十六条、第一百条的规定，为了保障正当的有益的书刊图画的流通，改进人民的文化生活，保护青年、少年、儿童的体力和智力的健全发展，维护社会公共秩序，制定本办法。

第二条 本办法所称书刊租赁业系指经营报纸、期刊、书籍、画册、图片租赁业务的店铺摊贩。

第三条 经营书刊图画租赁业务的，不论专营、兼营（包括书刊发行业兼营租赁或书刊租赁业兼营发行在内），不论已否领有营业许可证，都应备具营业申请书，叙明集资方法、营业范围、设备情况、设铺设摊或在当地流动营业的地段，负责人姓名、简历，向当地文化行政机关申请或重新申请核准营业，经文化行政机关核准发给营业许可证后，凭许可证向当地工商行政机关登记，领取营业执照。

第四条 书刊租赁业者应该租赁和发行正当的有益于人民身心健康的书刊图画，不得租赁和发行违反中华人民共和国宪法和法律法令的书刊图画、以及政府明令禁止的其他书刊图画。

第五条 书刊租赁业者如有变更牌记、转业、合并、停业、歇业、变更营业负责人、营业范围、营业地点或地段等情事时，都应分别报请文化行政机关和工商行政机关核准。

第六条 违反本办法第四条、第五条规定的，应由当地人民委员会或自治机关分别情况，决定给予警告，没收其部分或全部书刊图画，勒令暂停营业；或者撤销其营业许可证，并由当地工商行政机关吊销其营业执照；情况严重的，由当地人民法院依法惩处。

第七条 各省、直辖市人民委员会和自治区自治机关可以根据本办法和当地具体情况，另订补充办法。

第八条 本办法由国务院发布施行。

13.国务院关于地方人民广播电台管理办法的规定

（1955年9月12日）

国务院为加强对地方广播事业的领导，并明确划分各省、自治区、直辖市、省辖市人民委员会及广播事业局关于管理地方广播电台的职责，作如下规定：

一、各省、自治区、直辖市、省辖市人民广播电台为各该省、自治区、直辖市、省辖市人民委员会的直属机构，受各该级人民委员会及广播事业局的领导。

二、各省、自治区、直辖市、省辖市人民广播电台的编制、财务、计划及一般行政业务，受各该级人民委员会的领导。

三、各省、自治区、直辖市人民广播电台的广播业务、广播技术和广播事业建设规划，受广播事业局的领导；省辖市人民广播电台的上述业务，由广播事业局通过该省人民广播电台加以领导。

四、广播事业局根据上述规定，领导和管理地方人民广播电台的下列工作：

（一）审查和批准地方人民广播电台的新建、合并和撤销；

（二）检查地方人民广播电台执行政府和广播事业局有关广播事业的决议、命令和指示的情况；

（三）批准地方人民广播电台的广播节目时间表，规定地方人民广播电台联播中央人民广播电台广播节目的时间；管理地方人民广播电台的集体记者；

（四）供给地方人民广播电台适用的文稿、录音带及专用唱片；

（五）总结和推广有关广播工作的经验；

（六）统一管理与国外广播机构的联系；

（七）统一提出全国广播事业建设的方针并规划其任务；审核地方人民广播电台广播事业长期计划及年度计划；综合编制和平衡全国广播事业长期计划及年度计划并检查其执行情况；

（八）审核或协助进行有关地方人民广播电台广播技术基本建设的设计；

（九）统一分配广播频率和监督频率的使用；

（十）协助地方人民广播电台改善技术管理，制订有关技术定额和技术规程；

（十一）研究和推广广播站、收音站的工作经验；

（十二）代办广播器材的国外订货。

五、各省、自治区人民委员会及各省、自治区人民广播电台对所辖市人民广播电台的管理范围，由各该省、自治区人民委员会规定后实施。

14. 文化部关于文化行政部门所属文化事业领导关系的规定

（1955年11月25日国务院常务会议批准）

我们国家的文化事业大部分是地方性的事业，文化部直属的事业和企业单位也大部分分散在全国各地，因此必须由地方政府机构加强对它们的领导、管理和监督，才能把它们真正办好。但是过去文化部对于分散在北京以外各地的直属的和地方性的文化事业和企业，往往不通过地方政府机构，进行垂直的领导和管理，而这些事业和企业单位也有不尊重地方政府领导，遇事直接请示报告文化部的现象。这就妨碍了地方政府机构对于这些事业和企业的领导和管理，使这些事业和企业不能很好地服从和服务于当地的政治斗争和中心工作，并受到当地党政领导机关的严格监督。为了改变这种状况，进一步明确中央和地方对于文化事业领导管理上的分工，加强地方人民委员会在中央的统一方针和统一计划下对当地文化事业的领导和管理，以便充分发挥地方的主动性和积极性，发展和提高各地文化工作，特作如下规定：

一、地方文化事业和文化工作一律由地方人民委员会领导和管理；文化部根据中央的方针政策，加以指导和检查。地方文化事业计划由各地地方人民委员会根据国家计划委员会所发的控制数字和当地具体情况制订，送国家计划委员会和文化部审核、汇总和批准。地方文化事业和文化工作的财务预算，由地方人民委员会编制，列入地方预算，并且监督它们的执行。各项文化事业的全国性的统一的标准和制度，由中央制订。地方人民委员会可根据中央的统一的标准和制度，对地方文化事业因地制宜地制订地方性的标准和制度。

如果中央还没有规定统一的标准和制度，而地方又有可能和必要制订地方性的标准和制度时，地方人民委员会可自行制订，报文化部备查。

二、原为文化部直属的文化事业和企业，今后除一部分应该仍由文化部直接管理外，一部分应该划归地方人民委员会管理；划归地方人民委员会管理的，应该在本年内作好准备工作，于1956年1月起妥善地进行交接，防止发生混乱现象。

文化部和地方政府机构对于各项文化事业和企业的领导管理分工如下：

（一）关于中国电影发行公司省、市分支机构

中国电影发行公司是全国性的统一经营的企业，直属文化部电影事业管理局领导和管理。但是为了加强地方文化行政机关对地方电影发行工作的领导，中国电影发行公司在各省、市的分支机构，今后应同时受省、市文化行政机关的领导和监督。

中国电影发行公司总公司对各地电影发行分支机构主管下列事项：

（1）根据中央的方针政策，拟定电影发行业务的方针；规定全国性统一的发行工作制度，审核、汇总和批准已经省、市文化行政机关审核同意的各地分支机构的业务方针和年度、季度业务计划；

（2）调度和分配影片节目、拷贝，供应宣传资料；

（3）统一布置电影周以及有关配合全国性政治运动的节目的映出计划；

（4）统一掌管全国电影发行财务收支，规定片租和分账成数。

地方文化行政机关对各地电影发行分支机构主管下列事项：

（1）审核本省、市电影发行分支机构的业务方针和年度、季度计划，并且在电影发行分支机构报经总公司最后批准后，指导和监督它们的执行；

（2）审核和批准本省、市排片计划，并且监督它们的执行；

（3）审定本省、市电影发行分支机构的人员编制，由分支机构报总公司；管理当地分支机构的政治工作和干部工作；负责省、市

公司（办事处）干部的任免、教育、升降、奖惩和鉴定，但是省、市公司（办事处）经理（主任）的调动任免，必须商得中国电影发行公司总公司的同意；

（4）监督本省、市电影发行机构的企业经营和财务管理。

中国电影发行公司总公司所有给省、市电影发行分支机构的指示、决定和计划，都应该抄送地方文化行政机关。其中重要的指示、决定和计划必须由地方文化行政机关监督执行的，由文化部发给地方文化行政机关，同时抄致电影发行分支机构，或者由地方文化行政机关转致电影发行分支机构。各省、市电影发行分支机构的请示报告和工作总结等，应该同时报送当地文化行政机关和中国电影发行公司总公司。其中属于中国电影发行公司主管的事项，应该主送中国电影发行公司；属于地方文化行政机关主管的事项，应该主送地方文化行政机关。各地文化行政机关发给所属省、市电影发行分支机构的重要指示，应该抄送中国电影发行公司总公司。

（二）关于新华书店分支店

（1）新华书店各省、市分店和它们所属的支店、门市部，交由地方文化行政机关领导和管理，所有购销业务、干部人事、计划财务、基本建设、发行网的扩充和调整，私营图书发行业的安排和改造，以及店内政治工作和日常行政，都由地方文化行政机关领导和管理。

（2）新华书店总店对全国新华书店的工作，仍负有领导和监督的责任。总店担负以下各项工作：甲、制订全国新华书店图书发行业务的方针任务，并且对它的执行情况进行监督和检查；乙、汇总、审核和平衡全国新华书店的购销计划；丙、领导北京、上海、沈阳、武汉、重庆五个发行所，负责组织、分配和调度全国图书的主要货源，供应全国新华书店销货的需要；丁、布置配合全国性政治运动和学习计划的图书和其他重要图书的发行；戊、制订全国性的统一的业务制度；己、代表全店与全国性的机关、团体、企业进行业务交涉并且签订协议；庚、调整各省、市分店相互间的关系；辛、交流和总结经验，研究发行工作的组织技术问题，负责培养中级以上发行干部；壬、向销货店提供销货指导，协助进行关于书籍的宣传，调剂存货；癸、办理全店业务情况的调查统计。

（3）新华书店总店直接管理所属北京、上海、沈阳、武汉、重庆五个发行所的业务。但是上海、沈阳、武汉、重庆四个发行所的业务，同时分别地受上海市出版事业管理处和辽宁、湖北、四川省文化局的监督，干部人事也归当地省、市文化局和出版事业管理处管理，其中处级以上干部的任免调动应该商得总店的同意。发行所与省、市分店间没有领导与被领导的关系，只有业务往来的关系。

（4）文化部关于图书发行工作的指示和决定，应该发给省、市文化局（出版事业管理处），由省、市文化局（出版事业管理处）监督和指导新华书店分支店执行。新华书店总店对省、市分店的通知和指示，应该同时发给省、市文化局（出版事业管理处）；省、市文化局（出版事业管理处）应该督促省、市分店执行。省、市文化局（出版事业管理处）对省、市分店的重要指示，应该同时抄给新华书店总店。省、市分店的工作报告和统计报表，一律主送省、市文化局，抄送新华书店总店。

（三）关于原属文化部管辖的北京以外的各书刊印刷厂和印刷学校

（1）原属文化部出版事业管理局管辖的沈阳（包括长春分厂）、西安、汉口、重庆、上海五个新华印刷厂，分别移交辽宁、陕西、湖北、四川省文化局和上海市出版事业管理处管理，成为各该省、市文化局或者出版事业管理处的直属书刊印刷厂，各厂的生产计划和财务计划的审核汇总、印刷任务的分配、企业的经营和干部的管理等，都由各该文化局或者出版事业管理处直接负责。但是各厂的计划报表，除报送当地有关部门外，应该同时抄送文化部出版事业管理局。

（2）在上海的商务、中华两公私合营印刷厂，是高等教育、财政经济两出版社的附属企业，为了加强对该两公私合营厂的领导，由高等教育、财政经济两出版社委托上海市出版事业管理处代管。

上海市出版事业管理处应该对该两厂的生产、财务、人事行政和经营管理实行领导和监督，但是因为该两厂是公私合营性质的企业，科长以上人事的任免和财务的处理，应该由厂方分别地报告两个出版社的社长、经理批准，其他各项业务也应该经常报告上述两个出版社。

（3）文化部出版事业管理局直属的上海印刷学校，今后除有关教学方针、招生计划以及财务预算等仍由文化部出版事业管理局管理外，日常行政和教学工作都委托上海市出版事业管理处代管。

（4）文化部出版事业管理局在将以上各厂移交各省文化局和上海市出版事业管理处管理后，除直接管理在北京的各直属厂外，对各地文化局或者出版事业管理处所属的印刷厂负责下列工作：统筹文化部系统所属书刊印刷厂建厂方针和印刷力在地区分布上的调整与部署；根据各地印刷力的使用状况，将原来集中在北京的书刊印刷任务进行地区间的调度；对印刷生产上的技术改革、经营管理工作的改进，进行总结和交流经验；协助各厂培养技工和干部。

（四）关于艺术院、校

文化部直属的各类艺术学院、艺术专科学校和艺术院校的附属中学，除在北京的中央戏剧学院、中央美术学院、北京舞蹈学校、中国戏曲学校和在天津的音乐学院，由文化部直接管理外，其余都划归所在地省、市地方人民委员会管理，即：在上海的戏剧学院和音乐学院划归上海市人民委员会管理；在杭州的美术学院划归浙江省人民委员会管理；东北美术专科学校和东北音乐专科学校划归辽宁省人民委员会管理；中南美术专科学校和中南音乐专科学校划归湖北省人民委员会管理；西南音乐专科学校和西南美术专科学校划归四川省人民委员会管理；西北艺术专科学校划归陕西省人民委员会管理；华东艺术专科学校划归江苏省人民委员会管理。划归地方人民委员会管理的艺术院、校，除了它们的方针、任务、学制、招生计划、教学计划由文化部、高等教育部制定外，日常行政、教学业务、人事行政、政治工作都由所在地的省、市地方人民委员会领导和管理。各艺术院、校负责人的任免，按中央所规定的手续办理。各艺术院、校的经费列入地方预算，它们的开支由所在地省、市人民委员会进行监督。在天津的音乐学院的政治工作，归天津市人民委员会管理。

（五）关于剧院（团）

原文化部直属的剧院（团）除在北京的由文化部直接管理外，其余都划归省、市文化行政机关领导和管理，文化部与省、市文化行政机关的分工如下：

（1）有关剧院（团）的总的方针和任务由文化部制定，院（团）长、副院（团）长由文化部任免。

（2）剧院（团）的经常业务和日常行政由所在地的省、市文化行政机关完全负责领导和管理。它们的机构编制、上演计划、工作总结，由省、市文化行政机关审核批准，报文化部备案。

（3）剧院（团）的经费列入地方预算，由所在地的省、市文化行政机关掌握收支。

（4）文化部对剧院（团）工作的各项指示和决定，都应该通过剧院（团）所在地的文化行政机关下达。剧院（团）的工作应该向所在地的省、市文化行政机关请示报告；其中有必须上报文化部的，也应该经由省、市文化行政机关转送。

（六）关于纪念性的建筑物

（1）文化行政机关只管理具有历史、艺术、科学、革命纪念性的建筑物和不可移动的大型雕刻等。

（2）由文化部拟定办法，将现存已知的纪念性建筑物划分为第一级和第二级两级，报国务院批准后，分批下达。这两级纪念性建筑物的管理、保护、修缮、保养或者拆迁都由所在地的人民委员会负责，它们所需要的经费应该列入地方预算。但是第一级建筑物的修缮计划（包括设计文件）和迁移、拆除工作，都应该由地方提出，报经文化部批准。

（3）第一级纪念性建筑物中具有特殊重大价值的，文化部可视需要特设机构管理（如敦煌石窟等）；其中修缮工程特别困难的，文化部可视需要给以技术上的指导（如赵县大石桥等）。但是文化部特设的管理机构，应该同时受所在地地方人民委员会的领导和管理。

三、地方文化行政机关是地方人民委员会的一个工作部门，对地方人民委员会负责，它们的工作应请示报告地方人民委员会。其中关于方针政策性的问题和关系重大的问题，地方人民委员会认为需要请示报告中央的，由地方人民委员会请示报告国务院；国务院可以责成文化部或其他有关部门办理。关于日常具体业务，地方文化行政机关可以直接与文化部联系，或请示文化部解决。

15. 高等教育部、教育部关于高等学校妥善处理复员建设军人复学问题的规定

（1955年7月2日）

中华人民共和国国务院“关于安置复员建设军人工作的决议”和国务院秘书厅1954年10月23日（54）国政齐字第1号公函转发内务部制定的“复员建设军人安置暂行办法”指出：复员建设军人一般都有较高的社会主义觉悟和坚强的组织性、纪律性，对国家有过重大的贡献。他们复员后，将在各个工作岗位和生产战线上发挥积极作用，成为国家各项社会主义建设和社会主义改造事业的强大力量。妥善安置复员建设军人，使他们各得其所，是国家的一项长期的重要政策，也是各级政府和全体人民群众的一项经常的光荣的政治任务。

从高等学校参军的复员建设军人（包括转业军人，以下同此），他们要求仍回高等学校学习，高等学校应该充分认识妥善安置复员建设军人的重大政治意义，体贴他们迫切要求学习、参加建设事业的心情，主动地积极地处理他们的复学问题。高度地关怀他们，切实防止和纠正那种冷淡歧视的错误态度和拖延推诿的不负责任行为。为了妥善地处理复员建设军人的复学问题，兹根据内务部制定的“复员建设军人安置暂行办法”，暂作如下的规定，希遵照办理：

一、凡是解放以后（指学校所在地的解放日期，以下同此）从高等学校参军，复员后本人仍要求回原学校学习者，原校应准予复学。如果原校已经调整、合并，则应跟随原来肄业的系（科），由调整、合并后的有关学校准予复学；如果原校虽存在，而原来肄业的系（科）调整到其他的学校，应由原校负责介绍到该系科调整后

的学校，准予复学；如果原校虽存在，而原来肄业的系（科）已经停办，本人愿意到原校现有的其他系（科）学习，应经过编级考试编入适当年级复学；如本人不愿意到原校现有的其他系（科）复学，可自行参加高等学校招生考试，另行报考志愿的学校、专业。

二、凡是解放以后从高等学校参军，复员后本人要求继续学习，但因在部队期间已学有专门技术，不宜在原肄业的系（科）学习者，原校应审查其专长（经过编级考试）编入适当的专业，准予复学。如果原校确无适当专业可以编入，可由原校与有关学校联系，按转学手续，转入适当的学校，准予复学。如无适当学校可转，可以暑期参加高等学校招生考试，另行报考相当的学校。

三、凡是解放以后从高等学校参军，复员后本人要求继续学习，而原校已停办，不能复学者，本人可经转业建设委员会、民政部门或原部队介绍，就近向原来肄业学校性质相同或相近的高等学校申请复学，经过编级考试，编入适当年级复学。如果程度过差，不能跟班学习者，可劝告本人积极自修补习，一年后再行申请复学或另行报考高等学校。

四、参军时如系院系调整前五年制专科学校一、二年级的学生，复员以后本人愿意继续学习者，应到相当的中等专业学校复学；如在五年制专科学校肄业至三年级以上者，按本规定办理。

五、由于高等学校经过教学改革，教学内容、教学方法已大有改变，复员建设军人参军以前所学课程和现在高等学校的课程无法衔接，复学者一般应由一年级从头学起。如果本人要求衔接原来年级继续学习，应经编级考试插入适当班级；编级考试不合格者，仍应从一年级学起。

六、复员建设军人申请复学时，须经原籍县（大中城市为区）以上的转业建设委员会或部队的团或相当于团的单位负责介绍，高等学校应与其介绍复员、转业的转业建设委员会或有关部门取得联系，了解情况，并按“全国高等学校招生健康检查办法”所附各项规定，对其进行健康检查。对不宜于复学原肄业系（科）者，可调整到本校其他系（科）复学；对不宜于在高等学校继续学习者，应劝其按“复员建设军人安置暂行办法”的有关规定休养、医治或参加工作。

对于因为健康关系不能立即复学而可望于短期内治愈者，学校可自其提出申请复学之日起，继续保留学籍一年，逾期不能复学者，不再保留学籍。

七、高等学校于每年5月1日至7月底（1955年可延至8月底）以前受理申请复学工作，9月1日开学上课。学期中途，不办理复学手续。

高等学校对于根据本规定第二、第三条所提出的转学、申请编级考试，不得拒绝。

八、复员建设军人在未经高等学校批准复学以前，其医疗、生活各项费用，按“复员建设军人安置暂行办法”的相关规定办理；高等学校不负责供给。

九、凡参军满三年以上的复员建设军人，复学后得享受调干人民助学金待遇；参军不满三年而家庭经济困难或无经济来源者，复学后可向学校申请人民助学金（复学高等师范学校者均可享受人民助学金）。

十、对于批准复学的复员建设军人，高等学校应注意对他们进行政治思想教育，教育他们珍重自己的荣誉，不断进步，模范地遵守国家法律、学校纪律，努力学习。

十一、对于下列情况的复员建设军人，不能按复学的办法办理。如果他们要求继续学习，合乎高等学校招生条件者，应参加高等学校招生考试，考试合格者入学学习。

（一）从华北大学、革命大学等政治学校和短期训练班性质的学校参军者。

（二）复员转业后已经参加工作一年以上者。

（三）曾经考取高等学校，但未注册入学者。

16. 全国高等学校（不包括高等师范学校）一般学生人民助学金实施办法

（1955年8月22日高等教育部发布）

第一条 为适当地改变高等学校人民助学金制度，更合理地解决高等学校一般学生（不包括调干学生、产业工人学生、研究生、外国来华留学生。下同）学习和生活上的困难，保证完成国家培养建设人才的任务，特根据国务院批准的原则制定本实施办法。

第二条 一般学生在学习期内，因家庭经济困难无力负担伙食费、学习费用的一部或全部时，均可向学校申请一般学生人民助学金的补助。学校应根据学生的家庭经济情况和经济来源核定其补助等级和补助款数。

第三条 一般学生人民助学金的使用范围及补助标准如下：

（一）定期补助费：

一、伙食补助费：补助标准分为下列三种：

甲种——补助全部伙食费；

乙种——补助三分之二伙食费（角以下的小数一律递进，下同）；

丙种——补助二分之一伙食费。

二、日常学习用品、生活用品补助费：包括学习用品、生活日用品及其他日常生活零用。其补助标准由学校根据实际情况评定，最高以每人每月不超过四元为限。

（二）临时补助费：

一、学习补助费：教科书与必备的参考书费补助等。

二、被服补助费：被褥及其他必需服装补助等。

三、其他补助费：患病学生营养补助、住院伙食差额补助、因病休学回家的路费补助、经医生证明必需配戴眼镜等的特殊困难补助。寒暑假回家及因事请假回家的路费一概不予补助。

以上各项临时补助费的补助标准及款数，均由学校根据实际情况规定。

第四条　革命烈士子女学生、少数民族学生（另有规定者除外）、归国华侨学生，在和一般学生同等经济条件下应优先给予照顾。

少数民族学生因宗教信仰及生活习惯不同，不能与全校学生同灶，且人数不多，在伙食上需要多开支者，学校得按具体情况，另外予以补助；但补助费最多不得超过一般学生伙食标准的40%。

第五条　凡体育、航海专业的学生，按第二条的规定经本人申请、学校批准、领取助学金补助者，其伙食费部分，在批准补助等级的基础上按一般学生伙食费标准每人每月另加40%。

第六条　人民助学金的伙食部分，由学校集中掌握，统一办理伙食，除走读学生外原则上不发给学生本人。

因病请假或休学离校回家者，学校可根据其家庭经济情况照发、少发或停发其伙食费；但日常学习用品、生活用品的定期补助费及临时补助费，则一律停发。此外，在寒暑假或在学习期间离校回家者，其人民助学金一律不发。

第七条　一般学生人民助学金的审批办法，应力求简便，一般应由学生本人提出申请，由班、系领导上审核签注意见，提交学校学生人民助学金主管单位批准。定期补助部分每年新生入学后办理申请一次，以后学年度开始时复查调整一次；个别学生家庭经济情况发生重大变化时，学期中途亦可申请。临时补助部分可随时提出申请。

第八条　每年新生入学时，凡因家庭经济困难需要申请人民助学金者，应填交“人民助学金申请书”及“申请人民助学金证明书”（格式另订），经申请批准后自9月份开始补助。在补助的等级及款数未确定前，确有困难的学生，其9月份伙食费可向学校暂借，俟补助费款数确定后，多退少补。

每年毕业的学生，凡领取人民助学金的，可发至毕业后分配工作离校日为止。一般以发至8月底为限。但毕业后因病或因实习尚未回校等原因短期内未分配工作的学生，学校得继续发给助学金，但最多不得超过两个月。个别少数民族学生及归国华侨学生如到期仍不能离校时，经校（院）长批准后，可继续发给。

第九条 学生申请人民助学金，应本实事求是的精神，如有虚报情况、假造证件、骗取人民助学金的，经查明后，除停发其助学金外，学校并得视情节轻重，给予适当的批评或处分。

第十条 本办法自1955年10月起实行。过去中央教育部、高等教育部及地方有关部门所颁发的一般学生人民助学金的使用办法或规定，凡与本办法有抵触者均以此为准。学校及有关主管部门得根据本办法结合所属学校学生的具体情况，制定实施细则或具体使用办法，并报高等教育部备案。

17. 高等教育部关于执行全国高等学校（不包括高等师范学校）一般学生人民助学金实施办法的指示

（1955年8月22日）

全国高等学校学生待遇，自1952年由部分公费制改为全体发给人民助学金制（全国平均每人每月十二元，其中伙食费约占十元）以来，对完成国家培养建设人才的任务，特别是对培养工农家庭出身的学生，起了一定的物质保证作用。但另一方面，由于普遍发给人民助学金，在部分家庭经济情况好的学生中，也产生了不少浪费现象和“进了高等学校一切应该由国家供给”的不正确思想，因而引起了社会舆论的不满。

近两三年来，随着国民经济的发展，工资和国民收入逐年增加，能供给子女进入高等学校学习的家长也日渐增多；又由于青年学生政治觉悟普遍有所提高，凡家庭可以供给生活费用的学生，教育他们自愿放弃领取人民助学金已不是困难的问题。同时，两三年来，由于副食品价格略有提高，高等学校学生人民助学金标准没有作相应的调整，除少数地区外，高等学校学生伙食水平在不同程度上均有所下降，这就可能影响到学生的身体健康。

根据以上情况，为更合理地使用人民助学金，并在不增加国家财政负担的前提下适当地提高学生的伙食标准以保证学生健康，高等学校学生普遍发给人民助学金的制度，确有适当改变的必要。为此，我部已报经国务院批准，将以前所施行的一般学生全体发给人民助学金的制度，改为根据学生不同的家庭经济情况部分发给人民助学金的制度。即：凡家庭富裕能自费者，不发给助学金；凡能自费半数或三分之一伙食费者，发给所缺部分；完全无力负担者，发给全部伙食费。经济特殊困难的学生的其他费用，许可另外申请补助。并准备在第二个五年计划期间逐步改行奖学金制度。现除根据国务院批准的各项原则，制定了全国高等学校一般学生人民助学金实施办法（以下简称助学金实施办法）另行颁发外，并作以下指示，希研究切实执行。

一、一般学生人民助学金制度的改变，涉及面较广，是一件复杂而又细致的工作。因此，各校接到本指示后，应由校（院）长亲自负责领导，召集有关负责干部作充分研究讨论，对全校一般学生的家庭经济情况和思想状况，应认真地进行调查研究，作到心中有数。在这样的基础上，由校（院）长或副校（院）长亲自向学生动员，详细地认真地对学生说明国家改变助学金制度的根据和实施办法；教育学生为节约国家资金支援社会主义建设，应根据自己家庭的经济情况，本着实事求是的态度，放弃助学金或提出不同的申请。既要防止没有困难而要求补助，造成浪费的现象；又要避免积极分子带头，有困难也不申请，以致影响学习。

二、一般学生人民助学金的审批手续，必须力求简便，各校应根据助学金实施办法第七条的规定，采用个人申请，班、系审查，学校领导批准的程序，按照学校具体情况，拟定简便可行的审批办法，在校内公布施行。为避免影响学生学习时间和增加不必要的思想波动，领导上可进行必要的调查了解工作，但不得动员学生评议或进行相互评比。

三、一般学生人民助学金是根据学生的家庭经济情况审批发给，以解决学生个人在学习上和生活上的困难。在审批中应防止掌握过宽或过严的现象，做到困难大的多补助，困难小的少补助，没有困难的不补助的要求。过去对部分学校关于革命烈士子女学生不分家庭经济情况、一律每人每月另加补助八元的规定，应即废止。今后对革命烈士子女学生、少数民族学生（另有规定者除外）、归国华侨学生，均根据在和一般学生同等经济条件下优先予以照顾的原则审批。对过去因各种原因已和家庭断绝关系，几年来确无任何联系，也无其他经济来源的个别学生，各校可根据其实际情况，继续发给助学金。

四、实行新的一般学生人民助学金实施办法，学校进行动员和思想酝酿以及办理申请审批手续，需要一定的时间。为此，决定不论新生旧生，一律自10月份开始实行。如个别学校10月份以前完成准备工作有困难时，可推迟至11月份开始实行。

今后，凡因家庭经济困难需要领取人民助学金补助的学生，应填写“人民助学金申请书”向学校提出申请。关于“申请人民助学金证明书”则由学校统一向学生的原籍或家长所在地的市辖区、乡或市辖区、乡以上人民委员会或家长所在机关索取证明。

五、关于几个具体问题的说明：

（一）全国各地区主食、副食品价格不尽一致，我部根据调查材料，拟订了全国高等学校一般学生人民助学金分地区执行标准表（以下简称助学金分地区执行标准表），并规定了其中伙食费部分的标准随文附发[①]，各校均应遵照执行。如个别地区因物价及生活水平关系，我部现规定的伙食费标准有偏高或偏低情况时，可适当地进行调整（人民助学金标准不变）；但如须提高时，应先报经我部同意。在同一城市的学校必须互相联系，取得一致。

（二）助学金分地区执行标准减去伙食费标准后的所余部分，由学校统一掌握，解决学生除伙食费以外的日常学习及生活用品补助和临时补助。该项费用的使用办法和补助等级标准等由学校自定。

（三）各校在编列年度预算时，应将规定的该校人民助学金标准乘预计领取全部伙食费补助的人数（即：全校一般学生实有人数减去我部规定的该校自费学生人数。领取乙、丙两种伙食费补助的人数应折合为甲种计算）；助学金实施办法第四条、第五条所规定的特别补助部分，所需款数按实际需要在助学金目内另列预算。一般学

① 全国高等学校一般学生人民助学金分地区执行标准表从略。

生人民助学金是解决一般学生在学习期间学生本人在学习和生活上物质困难的专用经费，不得移作他用。年度决算时如有结余（包括由学校统一掌握部分），一律上缴。

（四）全国高等学校除中央民族学院、新疆学院、新疆俄文专科学校、内蒙古畜牧兽医学院和延边大学等五校的自费学生的控制数由各校自订报我部备案外，其余各校控制数，均有我部根据各校初步调查的情况核定，按照领导关系另行分别通知。

各校在改变助学金办法的工作结束后，应进行总结，并按照附发“领取一般学生人民助学金的各种补助费人数统计表”详细填写统计数字，一并于12月中旬以前报送我部，并同时抄报各主管部门。

18.教育部关于评奖扫除文盲优秀教师、优秀工作者、优秀学员、先进单位的暂行办法

（1956年2月8日）

一、为着广泛地动员社会力量，大规模地开展扫除文盲运动，并通过奖励模范、树立榜样，总结和推广经验，以达到加速扫除文盲的目的，特制定本办法。

二、评奖范围：包括工厂、农村、学校、部队、机关、团体和城市居民中对扫除文盲有特殊成绩的教师和工作人员，扫除文盲有显著成绩的单位以及参加识字学习成绩优良的学员等。

机关干部、工农群众中正规的业余中学、业余小学教师和工作人员的评奖，与普通中学、小学教师、工作人员一并举行，不包括在本办法之内。

三、评选条件：

1.优秀教师。对于教学工作积极负责，能克服困难，钻研业务，改进教学，且在实际工作中获得显著成绩的。

2.优秀工作者。对于扫除文盲工作积极负责，能团结群众，改进工作，在实际工作中有显著成绩并为群众所拥护的。

3.先进单位。能根据国家要求，结合本单位生产、工作情况，积极进行扫除文盲工作，并获得显著成绩的。

4.优秀学员。能经常坚持学习，成绩特别优良，并能帮助带动别人学习，起带头示范作用的。

四、评奖办法：

1.县、市的优秀教师、优秀工作者及优秀学员，由基层（机关团体、工厂矿山、乡、村、街道）选出，报县、市评选委员会审定

合格。县、市先进单位的评选，由基层单位所在地的扫盲工作的有关上级领导机关如县（市）区级的教育行政部门和人民团体等提名，报县、市评选委员会审定合格。

2.省、自治区、直辖市的优秀教师、优秀工作者、优秀学员及先进单位，由县（市）和市辖区选出，报省、直辖市、自治区评选委员会审定合格。

3.全国的优秀教师、优秀工作者、优秀学员及先进单位，由省、直辖市、自治区选出，报全国评选委员会审定合格。

五、奖励办法：分县、省、中央三级奖励。

对优秀教师、优秀工作者、优秀学员，给予奖状、奖章及实物奖励。

对先进单位，给予奖状及实物奖励。

六、评奖时间：县、省辖市、直辖市、省和自治区每年一次；全国每一至二年一次。均从1956年开始举行。

七、评奖工作，是社会主义建设事业中一项重要的领导方法，必须有坚强的领导。各级教育行政部门应该会同青年团、工会、妇联、文化部门、扫除文盲协会等有关方面共同组成各该级评选委员会，办理评奖事宜。

八、在评选前，要公布各类优秀人物及先进单位的评奖条件，由群众充分酝酿讨论。评选中要确实掌握评奖条件和政治条件。对已选出的优秀人物及先进单位，应加强教育和帮助，使之经常地保持其先进模范作用。

九、各省、自治区、直辖市可根据本办法的精神，结合当地具体情况，制定各该省、自治区、直辖市的评奖办法。

19.师范学校规程

（1956年5月29日教育部发布试行）

第一章　总　则

第一条　师范学校是国家的中等专业学校。

第二条　师范学校的任务是培养具有社会主义的政治觉悟、辩证唯物主义的世界观、共产主义的道德、中等文化水平与教育专业知识技能、身体健康、全心全意为社会主义教育事业服务的初等教育和幼儿教育师资。

第三条　师范学校的修业年限是三年。

第四条　师范学校招收初级中学毕业生或是具有同等学力的青年，入学年龄是15足岁至25足岁。

第五条　师范学校为了研究、实验新的教育方法，给学生以优良的示范和有效地进行教育实习，应设附属小学（或幼儿园）。

第六条　为了提高在职小学教师系统的文化科学知识水平，省、自治区、市教育厅、局可责成师范学校设函授部。

第七条　师范学校的设立、变更与停办，都由省、自治区、市人民委员会决定，并报中华人民共和国教育部备案。

第八条　师范学校由省、自治区、市教育厅、局根据国家既定的教育方针、政策、规章、制度统一领导。

第九条　师范学校按照所在市（包括省辖市在内）、县的名称命名。如果一个市、县同时有几所师范学校，名称并按照数字顺序排列。

专为培养幼儿教育师资的师范学校，称做幼儿师范学校。

专为少数民族设立的师范学校（或幼儿师范学校），称做民族师范学校（或民族幼儿师范学校）。

第十条 民族师范学校原则上应采用本民族的语言、文字进行教学。

第二章 教学工作

第十一条 师范学校暂设下列科目：语文及语文教学法、数学及算术教学法、物理学、化学及矿物学、人体解剖生理学、达尔文主义基础、自然教学法、地理及地理教学法、历史及历史教学法、政治、心理学、教育学、少年先锋队的工作、学校卫生学、体育及体育教学法、音乐及唱歌教学法、图画及图画教学法、教学工厂实习、农业生产基本知识及实习、教育实习。民族师范学校，并可设民族语文。

幼儿师范学校暂设下列科目：语文、数学、物理学、化学及矿物学、植物学、动物学、人体解剖生理学、达尔文主义基础、地理、历史、政治、幼儿心理学、幼儿教育学、幼儿卫生学、语言教学法、认识自然教学法、体育及体育教学法、音乐及音乐教学法、绘画手工及绘画手工教学法、教育实习。民族幼儿师范学校，并可设民族语文。

各科授课时数和教学内容，另在教学计划及教学大纲中规定。

师范学校教学必须采用中华人民共和国教育部所审定或指定的教科书。

第十二条 师范学校的教学，必须贯彻理论与实际相结合和面向小学（或幼儿园）的原则，要注意启发学生学习的自觉性、创造性，培养学生独立思考、独立工作的能力，促使学生能掌握系统的科学知识和专业的知识技能。

第十三条 师范学校学生必须参加教育实习（教育实习办法另定）。

第十四条 师范学校必须注意学生在体育、音乐和图画等方面的学习与锻炼，应在课外规定时间，辅导学生练习。

第十五条 师范学校除普通教室以外，还应设物理实验室、化学实验室、生物实验室、图画教室、音乐教室、乐器练习室、体育场、图书馆和阅览室；并应创造条件设教学实习工厂、实验农场或农业园地。

第十六条 师范学校的教学单位是班，每班学生数以40人为宜。

第十七条 师范学校一学年分为两个学期。采用秋季始业制度，8月1日是学年度的开始。每个学期授课、教育实习、考试时间与放假时间，根据中华人民共和国教育部发布的师范学校教学计划执行。

第十八条 师范学校学生每日学习时间（包括上课、课间休息、自习）不得超过9小时，上课时间每节是45分钟。

第十九条 师范学校学生成绩包括学业成绩、操行成绩和教育实习成绩。记分方法采用五级分制，五级分制分作五分、四分、三分、二分、一分五级。

学业成绩和实习成绩都以三分为及格，对操行成绩不满三分的学生，应令退学。

第二十条 师范学校学生的学业成绩包括学期成绩、学年成绩和毕业成绩，都由任课教师负责评定。

操行成绩由班主任根据学生平时在校内、外学习与生活的表现，商同本班任课教师负责评定。每学期评定一次，分数和评语，须交教学副校长审查。

教育实习成绩，由实习主任商同附小校长（或幼儿园园长）和有关的师范学校教师、附小教师（或幼儿园教养员）负责评定。

第二十一条 师范学校学生，各科学年成绩都及格的，升级；不及格学科满三科的不准升级；不及格学科不满三科的，准在下一学年开学以前补考。补考后都及格的升级；仍有二科不及格的，不准升级；仍有一科不及格的，由校务会议讨论确定他应该升级还是留级（对毕业成绩的处理亦同）。

学生学期成绩如果有不及格的学科，应准在下一学期开学以前补考。

学校必须负责组织应该补考的学生利用寒暑假期间补习不及格的学科。

第二十二条 师范学校学生，请假时间如果已超过一学期授课时间三分之一，一般不得参加学期或学年考试，在下一学年开始以后留级。

第二十三条 师范学校学生在同一年级内，最多只准留级一次，在师范学校整个学习期间内，最多只准留级两次，如果超过此限，应即退学。

第二十四条 师范学校学生修业期满，各科成绩都及格的，准予毕业，并发给毕业证书。对成绩优秀的（操行五分，语文、数学五分，教育实习五分，其他科目满四分），发给优秀生毕业证书。

第二十五条 师范学校毕业证书，由中华人民共和国教育部统一监制，发交省、自治区、市教育厅、局具体管理，责成师范学校在毕业典礼会上，隆重发给。发给以前，并须加盖校印和校长的名章。

第三章 组织机构、人员职责

第二十六条 校长

师范学校设校长，由省、自治区、市教育厅、局提请省、自治区、市人民委员会任命，负责领导全校人员执行党和政府的政策、法令及一切有关师范学校的决定和指示；制定与组织实施全校工作计划；检查并帮助提高教师的教学工作质量和学生学习效果；领导全校的思想政治教育；掌握全校人事工作；支配学校经费；关心师生的健康，推动福利事业；指导学校工会、青年团、学生会等社团工作；定期总结工作，向上级报告。

校长应负责领导附属小学（或幼儿园）的工作，并和本校毕业生保持联系，给以教学上的指导和帮助。

校长原则上应该兼课。

第二十七条 教学副校长

师范学校设教学副校长，由省、自治区、市教育厅、局提请省、自治区、市人民委员会任命，作为校长领导教学工作的助手，负责组织全校教学工作：指导并督促教师严格执行国家的教学计划、教学大纲，正确使用国家所规定的教科书；领导各科教学小组的活动，检查并研究改进教师的教学工作、思想政治教育工作；督促教育实习的正确实施；检查学生的学习效果、政治思想情况，审核学生的操行成绩；监督与指导全校学生的课外、校外活动；领导图书馆、实验室的工作；组织教职员业务与政治理论学习。当校长不在校时，代行校长的职务。

教学副校长必须兼课。

第二十八条 校务办公室

师范学校设校务办公室，总管全校行政事务工作，以便创造优良条件，保证教学工作的正常进行。校务办公室设主任，由校长请提省、自治区、市教育厅、局任命，作为校长领导行政事务工作的助手。

校务办公室设职员若干人，在办公室主任统一领导下，分别掌管日常校务工作；学生生活的指导；校舍的修建管理；学校设备及日常用品的供应保管；学生教师膳食的经营检查；师生员工的福利事业；学校的安全保卫以及会计、出纳、交印、收发、注册、统计等工作。并设校工若干人，负责全校的勤杂工作。

职员和校工都由校长任命。

第二十九条 教师

师范学校教师，由省、自治区、市教育厅、局任命，对学生全面负责：根据国家规定的教学大纲和教科书，认真备课，钻研教学方法，正确地组织教学；指导教育实习和课外活动；通过所授学科和负责指导的课外活动，向学生进行思想政治教育；教师还应不断地提高自己的政治业务水平，在一切活动中成为学生的模范。

第三十条 班主任

师范学校每班设班主任，由校长就各该班教师中选定。班主任在校长领导下对本班学生全面负责，组织本班学生成为一个团结友爱的集体；联系本班各科教师，具体了解学生学习、思想、健康各方面的情况，及时进行帮助与教育；贯彻学生守则；领导班会；组织本班学生的课外、校外活动；负责评定学生的操行成绩；并指导本班青年团的工作。

班主任联席会议，每月举行一次，校长担任主席，各班班主任参加。

第三十一条 教学小组

师范学校设各科教学小组，分别研究各科的教学大纲和教科书，拟定学期授课计划，掌握与分析学生的学习情况，研究改进教学方法，组织观摩教学，交流教学经验，并与附小（或幼儿园）有关学科的教师建立经常的相互帮助的关系。

教学小组设组长，由校长就各该科教师中选定，在教学副校长具体领导下进行工作。

教学小组会议，每两周举行一次，全组教师参加，组长担任主席，校长、教学副校长可出席指导。

第三十二条 实习主任

师范学校设实习主任，由校长就教育学科教师中选定，在教学副校长具体领导下，负责教育实习的组织工作。

第三十三条 人事秘书（可由党的专职干部兼办）

师范学校设人事秘书，由校长任命，在校长直接领导下，具体管理学校人事工作，整理与保管学校的人事档案材料，并协助校长进行教职员工的考绩工作。

师范学校青年团的专职干部，可协助人事秘书管理人事工作。

第三十四条 教务员

师范学校设教务员，由校长任命，具体协助教学副校长处理日常的教务工作。

第三十五条 图书馆

师范学校设图书馆，供应全校师生教学上、学习上所需要的书报、刊物。

图书馆设管理员，由校长任命，在教学副校长直接领导下，负责学校图书的采购、登记、保管、出纳、统计等工作；并担负管理阅览室，协助各科教师组织读书座谈，帮助师生选购图书等工作。

必要的时候，校长可选定教师一人兼任图书馆主任。

第三十六条 实验室

师范学校设各种实验室，供物理、化学、生物等科教学实验的应用。

实验室设管理员，由校长任命，在教学副校长直接领导下，负责实验用品的登记、保管和使用消耗的统计工作；并接受有关教师的指导，担负实验前后仪器、标本、药品、图表的准备和清理工作。

第三十七条 卫生室

师范学校设卫生室。

卫生室设校医和护士，由当地卫生行政部门调配，在校长直接领导下进行工作，业务上受当地卫生行政部门指导。负责学生健康的检查、疾病的预防和初步诊疗工作；指导学校膳食的改善和学校环境的清洁卫生工作，并进行卫生监督和卫生教育工作。

第四章 校务会议

第三十八条 校务会议是体现学校集体领导的重要机构。它的任务是：传达、贯彻党和政府关于中等师范教育的方针、政策、决定和指示；讨论、审查学校的工作计划、工作总结和经费预决算；听取教师或其他工作人员有关执行教学计划、教学大纲，有关教学、教育方法，有关教育实习或附小（或幼儿园）工作等的报告；研究学生学业成绩、健康卫生情况和政治思想情况；决定学生的升级、留级、毕业和奖惩问题；讨论如何提高教职员的政治业务水平和学校其他应兴应革的重大事项。

第三十九条 校务会议由校长、教学副校长、校务办公室主任、全体教师、校医、附小校长、附属幼儿园园长和党、团、工会代表组成。必要的时候，校长可指定或邀请其他有关人员列席。

校务会议由校长担任主席，每月召开一次。必要的时候，可召开临时会议。

校务会议设秘书一人，就教员中选定，任期一年。

校务会议必须有详明记录。

第四十条 校务会议的决议，由校长公布执行。

第五章 学 生

第四十一条 具有投考师范学校资格的学生，经过入学考试和体格检查，被认为合格录取后，方可入学。成绩优秀的初级中学毕业生（操行五分，语文、数学五分，其他科目满四分），身体健康，并志愿进入师范学校学习的，可经学校保送，省、自治区、市教育厅、局批准免试入学。

第四十二条 师范学校学生一律享受人民助学金待遇。

第四十三条 师范学校学生必须做到：

（一）努力学习，积极提高社会主义觉悟，掌握文化科学知识和教育专业的知识技能，增强体质，使自己成为一个全面发展的小学教师或幼儿园教养员。

（二）善于支配自己的时间，准时上课，按时复习，独立地完成作业，认真地进行教育实习。

（三）尊敬校长、教师，上课下课要起立致敬，在校外相遇要行礼。听从校长、教师的教导，自觉地遵守学习纪律和学校各项规则。

（四）尊敬附属小学的校长、教师（或附属幼儿园的园长、教养员），在进行教育实习的过程中，听从他们的指导。

（五）对待同学做到真诚友爱、团结互助。

（六）热爱儿童，能根据小学学生守则帮助他们；使自己的言行成为儿童的模范。

（七）对人有礼貌，尊敬长者，帮助年老、体弱和有病的人。

（八）热爱劳动，作好值日和各项服务工作。

（九）爱护学校的和一切公共的财物。

（十）注意公共卫生和个人卫生。经常保持整洁的仪表。

（十一）积极地参加文娱、体育活动。

（十二）爱护学校和班级的荣誉，劝止同学一切不良的行为。

（十三）随身佩带校徽或学生证，谨慎保存。

第四十四条 师范学校对于成绩优良或有其他模范行为的学生，应根据情况，给予表扬或发给奖品、奖状，以示奖励。

第四十五条 师范学校对于不守校规、违犯纪律的学生，应着重进行说服教育，必要的时候，可根据情节轻重，分别给予警告、记过、开除学籍等处分。

给予学生警告、记过的处分，须经过校长批准；给予开除学籍的处分，应经过校务会议讨论，并报主管教育行政部门批准。

受到警告、记过处分的学生，改正错误以后，经过校长批准，可以宣布撤销其处分。

第四十六条 师范学校学生因病或因为特殊事故必须休学的，可申请休学，经校长批准后，发给休学证明书。休学以一年为限，到期不能复学的，可申请继续休学一年。休学期满仍不复学，即取消其学籍。

第四十七条 师范学校学生一般不应中途请求转学。如果确有重大原因必须转学，可经过校长批准（尽可能由学校先征得所转学校的同意），发给转学证明书，并注销其学籍。师范学校学生转学，一般以转入师范学校为限。在第三学年不得请求转学。

第四十八条 师范学校学生一般不应中途请求退学，如果确有重大原因不能继续学习，可申请退学，经过校长批准，发给修业证明书，并注销其学籍。

第四十九条 师范学校毕业生至少须服务教育工作三年，由省、自治区、市教育厅、局统一分配工作；在服务期间，不得升学或自动转业。

师范学校毕业生，如果因病或由于其他重大事故暂时不能服务，可由学校报请省、自治区、市教育厅、局核准，暂缓服务。

第五十条 师范学校毕业生，如果得有优秀生毕业证书，可由学校报请省、自治区、市教育厅、局保送，免试升入高等师范学校深造。此项保送名额，一般不得超过应届毕业人数的5%。

第六章 社 团

第五十一条 师范学校应建立教育工会、青年团、学生会等社团。各社团分别团结全校教职员工和学生，协助学校完成教学工作和行政工作任务；推动教职员工和学生的政治、业务、文化学习和文娱活动；关心教职员工和学生的生活福利，努力改善他们的生活条件和健康状况。学校行政领导应切实辅助工会、青年团、学生会的工作，以便发挥群众力量，办好学校。

第七章 财务及行政事务工作

第五十二条 师范学校经费，由省、自治区、市教育厅、局发给；经费开支标准和使用办法，根据省、自治区、市教育厅、局的规定执行。

师范学校的经费预决算，须经过校务会议讨论，校长审定，最后报经省、自治区、市教育厅、局批准。

第五十三条 师范学校为了保证完成工作计划，提高工作效率，合理安排全校人员的活动，使全校的人力、物力能充分发挥作用，应在工作、学习、生活和财物的使用保管各个方面建立必要的制度。

第五十四条 师范学校应保存以下各种主要的文件、表册：

（一）国家关于师范学校的法令、规章，领导机关的指示、命令、通报等；

（二）学校的通告、决定和各种规章制度；

（三）学校工作计划、总结和各种专题总结材料；

（四）学校历年大事记要；

（五）校务会议记录；

（六）教室日志；

（七）奖惩事项和发给奖状奖品的登记簿；

（八）发给毕业证书和学籍证明文件的存根；

（九）校产和教学设备的登记清册（包括校舍平面图，基本建设蓝图等）；

（十）经费预算、决算书；

（十一）收发文簿和公文档案；

（十二）历年学生学籍簿；

（十三）教职员学生的档案材料；

（十四）教职员工登记册；

（十五）学年初、学年末的报表和其他重要的统计表册。

第八章　初级师范学校

第五十五条　适应地方初等教育事业的迅速发展，各地可以设立初级师范学校。初级师范学校的任务是培养初等学校一至四年级的师资。

第五十六条　初级师范学校招收15足岁至25足岁的高小毕业生或具有同等学力的青年；修业年限是三年或四年。

第五十七条　专为培养幼儿园教养员的初级师范学校，称做初级幼儿师范学校，修业年限是三年。

第五十八条　初级师范学校的科目设置，按照初级师范学校（或初级幼儿师范学校）教学计划的规定执行。

第五十九条　关于初级师范学校毕业生升学问题的处理，不适用本规程第五章第五十条的规定。

第六十条　除开本章各条所规定以外，本规程其他部分原则上都适用于初级师范学校。

第九章　附　则

第六十一条　各省、自治区、市教育厅、局可根据本规程结合各地区具体情况，另定实施办法，报请中华人民共和国教育部备案后执行。

第六十二条 本规程由中华人民共和国教育部发布施行，修改权属于中华人民共和国教育部。

20. 1956年高等学校招收副博士研究生暂行办法①

（1956年7月11日高等教育部发布）

一、1956年负责培养副博士研究生的高等学校招生的专业和名额由高等教育部和卫生部规定（高等师范院校今年不收副博士研究生）。

二、年龄在40岁以下，具有下列条件之一的中华人民共和国公民，都可以向指定的高等学校申请报考研究生：

（一）高等学校本科毕业，并有2年以上科学技术工作、教育工作或其他与科学有关的实际工作经验的；报考医学临床各专业的必须有3年以上的工作经验。

（二）高等学校本科毕业，未参加过实际工作或工作经验不满2年，但学业成绩优异，经原学校或本人工作单位证明的（此条不适用于报考医学临床各专业）。

（三）未经高等学校本科毕业，有3年以上工作经验，经科学机关、高等学校或本人工作单位证明确实具有高等学校本科毕业的水平和从事科学研究工作能力的；未经高等学校本科毕业，报考医学临床各专业的必须有5年以上的工作经验。

三、副博士研究生入学考试的科目：

（一）专业学科一般考一至三门，最多四门，由各校根据专业性质来确定；

（二）政治理论：工、农、林、医各专业考中国革命史，文、理各专业考辩证唯物主义和历史唯物主义，政法、财经各专业考政治

① 本办法中的“副博士”名称是暂用名。

经济学，未学辩证唯物主义和历史唯物主义或未学政治经济学的考生都考中国革命史；

（三）外国语文：由报考人在俄、英、德、法四种语文中自选一种，但有特殊规定的专业指定必须考某种外国文者例外。

考试的题目，由招考的学校参照高等学校现行的教学大纲所规定的范围来选定。招考的学校应在确定各专业考试课程后提出主要参考书和参考资料目录，以备报考人员索取。

四、报名日期定于7月20日起至9月15日止。具有报考条件的，直接向负责培养副博士研究生的高等学校报名，每人只能报考一个专业；如果所报的专业有两所以上高等学校招生的，可以填写两个志愿学校，报名手续可直接向第一志愿学校办理。第一志愿学校因限于名额，不能录取的考生，由第一志愿学校将他们的试卷和全部材料转交第二志愿学校考虑，第二志愿学校也不能录取的，即将全部材料退回考生或考生所在单位。

五、入学考试日期是在10月10日至20日内由学校确定。入学考试由负责培养副博士研究生的高等学校负责办理，学校认为有必要的时候，可以组织考试委员会进行这项工作。为了减少考生旅途上的往返，招考副博士研究生的高等学校可以根据报考人员的地区分布委托其他地区的高等学校代办考试工作，受委托的学校应该积极办好被委托的考试工作。凡招考同一专业的几所学校应互相联系。

六、报考副博士研究生的必须交下列材料：

（一）按照第二条（一）项报考的，必须送交高等学校本科毕业证书和历年学习成绩表，报考人工作单位关于报考人工作2年以上的证明书；报考医学临床各专业的须有工作3年以上的证明书；

（二）按照第二条（二）项报考的，必须送交高等学校本科毕业证书和历年学习成绩表，报考人的原学校或工作单位证明报考人学业成绩优异的证明书，如果已经作过毕业设计或毕业论文的，应将毕业设计或毕业论文同时送交；

（三）按照第二条（三）项报考的，必须送交科学机关、高等学校或报考人工作单位关于报考人工作满3年（报考医学临床各专业的要满5年）和报考人具有相当于大学毕业水平和从事科学研究工作能力的证明书；

（四）本人履历及自传；

（五）现在服务机关或学校关于报考人的工作或学习的鉴定和报考人的档案材料（此项材料由报考人现在服务机关或学校直接送交报考人报考的学校）；

（六）最近半年内的健康检查证明书和二寸半身相片3张。

如果有和专业有关的科学论著或其他证明文件，应该同时交送。

七、高等学校在接到上项材料后，应即行对报考人进行是否具备报考条件的审查（健康情况按全国高等学校招生健康检查办法及全国高等学校招生健康检查不合格之规定办理，政治历史方面必须是已经审查清楚了的），并决定是否批准报考人参加入学考试。如果准许参加入学考试的，由高等学校将考试日期和地点等通知报考人和报考人工作单位；如果不准许参加入学考试的，由高等学校将全部材料退回报考人和报考人的所在单位。

八、被批准参加副博士研究生入学考试的人员，本人的工作单位应该给他一个月到两个月的假期，进行考试的准备。

九、如果考生的旅费有困难，考生是在职人员可以向所在工作单位申请补助；考生是本届毕业生，可以向原来所在学校申请补助，已离原校而到所分配的工作单位的向工作单位申请补助。

十、高等学校应在考试完毕后将录取副博士研究生的名单和入学考试的成绩报高等教育部或卫生部备案。

十一、关于高等学校副博士研究生的学习办法可以参照中国科学院研究生暂行条例：学习期限暂定为4年（医科临床各专业暂定为3年），在学术导师指导下确定学习计划进行学习和研究。前2年学习辩证唯物主义和历史唯物主义、外国语、基本专业课和与论文有关的专业课，后2年进行副博士论文的写作工作，关于论文的写作计划应在写作工作开始前1年提出（医科临床各专业的论文工作开始时间另行规定）。

十二、副博士研究生由学校发给每人每月助学金50元，另加地区物价津贴。如因负担过重或有临时困难的，可申请福利补助，补助办法与高等学校一般工作人员相同。医学临床各专业研究生的助学金待遇将另有规定。

21. 文化部关于国营电影院、放映队提用企业奖励基金的一般补充规定

（1957年4月27日）

兹根据前政务院财政经济委员会1953年11月17日公布的国营企业提用企业奖励基金的临时规定，及前政务院文化教育委员会颁发的中央文教各部直属国营企业提用企业奖励基金的补充规定的精神，对电影院、放映队企业提用企业奖励基金特作如下的一般补充规定：

一、凡已实行经济核算的国营电影院、放映队（省、市、专署或县放映核算单位），完成下列计划指标，映出场次、观众人次、利润及利润上缴计划，并经批准者，得依照本规定申请提取企业奖励基金。

二、企业奖励基金的计算基础如下：

（1）凡有计划利润的企业，从计划利润及超计划利润中提取；

（2）无计划利润或有计划亏损的企业，按全年工资总额提取企业奖励基金，从超计划利润数或减少计划亏损数中提取超计划企业奖励基金。

三、由于下列原因，致使计划利润或计划亏损有显著的提高或降低时，应予调整后计算之：

（1）因工资标准、票价、税率、片租、劳保标准等升降的原因；

（2）因上级临时重要任务及重大自然灾害而影响演出场次、观众人次等的完成。

四、提取标准规定如下：

（1）国营电影院从计划利润中提取4%，从超计划利润中提取10%；

（2）放映队从计划利润中提取5%，从超计划利润中提取15%（须

以省、市、专署或县直接管理放映小队的核算单位为提取奖金单位）；

如无计划利润及有计划亏损的企业，按全年的工资总额提取4%，从实际的盈余或减少亏损的部分，比照前列各类企业提取超计划奖金的比例分别提取；

（3）上列企业全年提取的企业奖励基金总额，不得超过各该企业全年工资总额10%，但亦不应低于4%。

五、为了合理使用企业奖励基金，省、市主管部门得集中一部分所属企业应提的企业奖励基金作为进行调剂或全企业的集体福利事业和奖励之用。但集中部分一般不得超过应提企业奖励基金的30%。

六、关于企业奖励基金的提取办法及使用范围，应按照前政务院财政经济委员会公布的国营企业提用企业奖励基金的临时规定执行。

以上一般补充规定，请你们根据本地区具体情况因地制宜，参照执行。

22.国务院关于高等学校
1957年暑期毕业生分配工作的几项原则规定

（1957年7月17日国务院常务会议通过　1957年7月17日发布）

历年来政府各有关部门对于高等学校毕业生的分配工作，曾经给予了很大的重视，工作上也每年有所改进。但是，分配工作中也存在着若干缺点：（1）在分配工作中，虽然一般地注意了政治条件，但是对在校学生常常没有认真地进行政治审查。（2）由于培养干部的计划不够准确，也很难完全准确，部分毕业生的专业口径和实际需要存在着距离，使分配工作没有尽量作到供需一致和学用一致。（3）每年毕业生的分配计划，由于采取了全部一次下达的办法，时间比较短促，各方面准备不够；具体调配中征求用人部门、教师和毕业生的意见，贯彻群众路线也不够。（4）在分配工作的时候，对于少数根本不顾祖国社会主义建设需要、错误地坚持个人要求、甚至拒绝工作、无理取闹的毕业生，存在着过分迁就的现象。这些缺点，使工作造成了一定的损失，并且在青年学生中产生了不良的影响。

为了吸取已有的经验教训，切实改进毕业生分配工作，现在对高等学校1957年暑期毕业生的分配工作，作如下原则规定：

（一）今年毕业生的调配计划，应该采取分批拟定计划，分批下达，并且争取能够早些分配的原则进行。国家经济委员会负责拟订毕业生分配计划草案，高等教育部负责根据国家经济委员会所拟订的计划草案制订具体调配计划草案。调配计划草案拟好一批即下达一批。学校和有关部门接到调配计划草案以后，即应该按照草案进行酝酿动员，作好调配和派遣的准备工作，俟国家经济委员会和高等教育部对各项专业毕业生的调配计划全部订出，并且报经本院核准后，再由高等教育部正式通知各学校和用人部门开始派遣和接受。

（二）根据国家建设的长远需要和目前的实际状况，补充和加强高等学校的师资力量和科学研究部门的研究力量，是一项迫切的任务，今年分配毕业生的时候应该予以适当的重视。分配到高等学校作助教、研究生的和到科学研究部门作研究生、实习研究员的学生，应该保证必要的政治和业务的质量。

（三）分配在高等学校、科学研究机构和行政机关工作的大专学校毕业生，各单位都应该注意使他们尽可能地先到工厂、企业或者农业生产中去参加一定时期的体力劳动，加以锻炼，并且把这种办法逐渐地固定起来，成为制度。

（四）为了作好毕业生的分配工作，应该掌握实际情况，贯彻群众路线。在确定分配计划和具体的调配、派遣工作中，国家经济委员会、高等教育部和有关部门，应该切实掌握用人部门的需要和各项专业毕业生的一般情况，注意征求学校、教师和毕业生的意见，积极采纳各方面所提出的合理的而又能够作到的意见，克服工作中的主观主义。

（五）在具体调配和派遣工作中，应该作好思想动员工作，说服学生自觉地接受国家所分配的工作，鼓励他们积极参加祖国的社会主义建设。对于学生所提出的个人志愿和实际困难，应该在可能条件下给以适当的照顾。实际条件不可能照顾的，应该把国家的困难向他们交代清楚，说服他们服从国家分配。除开国家某些缺门和急需的专业必须全部服从国家分配以外，对于其他专业学科中少数不顾国家需要、无理坚持个人要求、拒不服从分配的学生，可以发给毕业证书，由学校负责人向他们宣布，国家不再负责分配他们的工作，由他们自找职业；但是，国家机关、学校、企业和事业只能接受国家分配的学生，不得自由录用这些自找职业的学生。

在过去分配工作的时候，有些部门和学校对这类少数学生一味迁就，容忍他们长期住招待所，不做工作，并且经常无理取闹，散布不良影响。这种迁就和容忍的态度是错误的，必须坚决加以纠正。

（六）在这次整风运动中发现高等学校（包括中等技术学校、中等专业学校）本届毕业生中有极少数思想行为严重反对社会主义的分子和其他坏分子。对于这种分子，一般地国家仍应该给以生活的出路和继续改造的机会。他们之中，凡是考试及格的，同样发给毕业文凭；凡是考试不及格的，不要留级，只发给结业证书。对本届毕业生，各校都应该根据他们的日常表现，特别要根据这次整风运动最后的表现给他们作出政治审查结论。今后每届毕业生，都应该作出政治审查结论。其中思想行为严重反对社会主义的分子和其他坏分子，除了有反革命罪行和违法乱纪行为的应该依法判处劳动改造或者劳动教养以外，其他都应该给以工作考查。考查的期限可以分别定为一年、两年或者三年；考查期间，分配他们做辅助工作，不给名义，不正式评级评薪，只给以生活补助费。他们之中错误严重的，应该留校考查；其他则由国家统一分配，由用人部门负责考查。如果他们不愿意或者不服从国家分配，可以由他自找职业，由他们所在地区的政府机关负责考查。

以上各项原则规定，应该由国家经济委员会、高等教育部会同有关部门，制订具体计划执行。

关于各类中等专业学校1957年暑期毕业生的分配问题，由各主管业务部门参照上述原则规定，订出计划执行。

23.全国图书协调方案

（1957年9月6日国务院全体会议第五十七次会议批准）

自从中共中央提出向科学进军的号召以来，各方面都注意改善为科学研究服务的图书条件，图书馆工作有了不小的进步，可是，也还存在着很多的缺点。如积压的图书还没有完全整理好；多余的复本图书和不合理的收藏还有很多没有交换和调拨；采购外文书刊和古旧书有很大的盲目性；专题联合书目和新书通报还很少编制出来；复制工作还做得很少。为了克服这些缺点，改进为科学研究服务的图书条件，决定在国务院科学规划委员会下设图书小组，由文化部、高等教育部、中国科学院、卫生部、地质部、北京图书馆的代表和若干图书馆专家组成，负责全国为科学研究服务的图书工作的全面规划，统筹安排。目前首先要进行下列的工作：一、建立中心图书馆；二、编制全国图书联合目录。

一、建立中心图书馆

（一）科学研究工作要求图书馆藏书适当地集中和系统地积累，逐步达到丰富精专的地步，因此在现有收藏基础较好的图书馆的基础上，成立若干全国性的和地区性的中心图书馆是十分必要的，也是可能的，并且可以这些中心图书馆为基地，搞好全国图书馆的协调工作。

中心图书馆的任务是：

（1）为科学研究工作服务；

（2）搜集种类较多、质量较高的应该收藏的书刊；

（3）编制联合书目和新书通报；

（4）国际交换图书的工作（由一部分全国中心图书馆进行）；

（5）照相复制图书的工作（由一部分中心图书馆进行，在全国中心图书馆中先确定北京图书馆、中国科学院图书馆、北京大学图书馆、清华大学图书馆、上海图书馆、上海科学技术图书馆、中国科学院图书馆上海分馆担任，在地区中心图书馆中每个地方可以有一个馆到两个馆担任）；

（6）规划和进行干部培养工作。

为了使中心图书馆能够担负起它们的任务，进口外文书刊应该优先满足中心图书馆的需要。国家计划委员会、国家经济委员会、财政部门、城市建设部门和各图书馆的领导机关，在每年分配经费（有的要外汇）、基本建设任务和干部时，也应该给以必要的保证。

（二）全国性的中心图书馆由北京（第一中心）和上海（第二中心）的若干最有基础的图书馆组成，名单暂时确定如下：

（甲）北京

北京图书馆

中国科学院图书馆

协和医学院图书馆和医学科学院图书馆

农业科学院图书馆和农业大学图书馆

地质部全国地质图书馆

中国人民大学图书馆

北京大学图书馆

清华大学图书馆

北京师范大学图书馆

（乙）上海

上海图书馆

上海科学技术图书馆

历史文献图书馆

中国科学院图书馆上海分馆

复旦大学图书馆

上海第一医学院图书馆和上海军医大学图书馆

交通大学图书馆

北京图书馆应该成为全国图书馆的核心和图书馆业务的辅导中心。

地区性的中心图书馆，暂时确定在武汉、沈阳、南京、广州、成都、西安、兰州、天津、哈尔滨等地，指定某些图书馆来担任。图书馆的名单，请各该省、市人民委员会考虑决定。以后视需要和可能，增加地区性中心图书馆的地点。

全国性中心图书馆中的公共图书馆（如北京图书馆）、中国科学院图书馆和专业的科学图书馆（如医、农、地质图书馆）应该向全国科学工作者开放，高等学校附属的图书馆应该除了保证本校师生的需要外，并尽可能根据各该馆的专长特点，对有关的科学工作者开放（如北京师范大学图书馆对教育科学工作者开放），以补公共图书馆的不足。以后视需要和可能再陆续指定北京、上海或其他地区的专业图书馆成为中心图书馆。

（三）全国的和地区的中心图书馆既然是由若干图书馆共同组成的，为统一步调、加强协作，可由各图书馆的负责人组成中心图书馆委员会。北京的全国中心图书馆委员会应该以北京图书馆为核心，吸收各中心图书馆的负责人及文化、高等教育部门的代表和若干图书馆专家组成，隶属于国务院科学规划委员会。上海和其他地区的中心图书馆委员会隶属于所在省、市、自治区科学工作委员会。他们的任务是：

（1）协助科学规划（或工作）委员会或行政领导部门研究图书馆的统筹安排和全面规划；

（2）研究和解决有关中心图书馆之间的分工合作，包括图书采购、调配、交换、互借等方面的业务问题；

（3）研究有关编制联合书目、新书通报方面的问题并制订计划；

（4）研究有关干部业务提高的问题。

全国中心图书馆委员会和地区中心图书馆委员会只有在协调方面的工作关系，没有领导关系。全国中心图书馆委员会和地区中心图书馆委员会应该经常交换协调工作情况，互相帮助工作，进行全国和地区之间、地区和地区之间的协调工作。

（四）在建立中心图书馆的同时，应该有计划地逐步进行过多的复本和不合理馆藏的调配工作。由于种种历史原因，现在许多图书馆的馆藏复本过多，而其他图书馆却正感缺乏，某些图书馆闲置着并非本身专业所需要的图书，而其他迫切需要这些图书的图书馆却又求之不得。因此，必须从全国科学工作的需要着想，打破本位主义，进行图书的合理调配工作，以充分发挥现有图书的作用。调配的步骤是：先在各系统内调配，由其领导机关负责（如高等教育部先在各高等学校间调配，文化部先在公共图书馆之间调配），然后进行各系统间的互相调配。各系统间的调配，可以先在本地区内调配，由地区中心图书馆委员会负责，地区间的调配由国务院科学规划委员会图书小组负责。复本较多的沿海大城市应积极支援昆明、乌鲁木齐、呼和浩特等经济文化中心城市。

目前图书积压的情况仍然是很严重的，许多有用的，甚至珍贵的图书不能被利用，许多图书几年来一直被积压在仓库中，有的甚至被霉烂蛀蚀。必须迅速组织一批力量，抢救这些图书，整理和调配这些图书，使之能在我国科学研究和图书馆事业中发挥作用。

关于整理和调配图书所必需的人力、房屋、经费等应该由各图书馆的领导机关负责解决，国家经济委员会、财政部门、城市建设部门应该予以适当的照顾。

二、编制全国图书联合目录

我国地区辽阔，图书资料分散四方，各图书馆之间缺乏联系，因而科学研究人员在了解图书和使用图书方面很感困难，形成人找不到书，书遇不到人的现象。所以编制联合目录使书为人知，加上广泛开展馆际互借，使书为人用，就十分必要了。但是编制联合目录工程浩大，并且由于图书还没有完全整理出来，分类编目方法尚不一致，所以目前对这一工作还不可能要求过高、过急，只能分别先后缓急，有重点、有步骤地进行。为此：

（一）在全国中心图书馆委员会下成立一个全国图书联合目录编辑组，附设于北京图书馆内。它的任务是：

（1）了解、调查全国各图书馆藏书和编目情况；

（2）制订联合目录编辑计划；

（3）起草联合目录编目条例；

（4）加强和各馆有关联合目录工作的联系，布置、检查和督促工作；

（5）综合各馆书目，做最后的编排、校订、出版等工作。

各地区如已经有图书馆工作协调机构，编辑组应该同他们密切联系，以便在编制联合目录工作方面得到他们的配合和协助。

编辑组暂设工作人员15人，其中主要干部由北京图书馆、中国科学院图书馆、清华大学图书馆和其他图书馆借用，助理人员由文化部、高等教育部负责调用。

参加编制联合目录的单位，以中国科学院和其所属各研究所图书馆，各高等院校图书馆，各省级以上的公共图书馆和专业图书馆为基础，根据题目的不同，选择参加编制的单位。

（二）进行步骤：

根据科学研究工作上的需要和各图书馆的馆藏情况，进行步骤如下：

（甲）督促和帮助某些单位正在或计划编辑的专题联合目录：

中国革命史联合目录

中国医药联合目录

中文政法联合目录

水产海洋联合目录

中国古农书联合目录

全国方志联合目录

上列目录，要求在1958年内完成。

（乙）从1957年7月起编辑组开始编制下列各种专题联合目录，预定于1959年12月底以前完成。

西文期刊联合目录

中文期刊联合目录

日文期刊联合目录

西文数学、力学联合目录

西文物理联合目录

西文化学联合目录

西文机械工程联合目录

西文电机工程联合目录

地质学联合目录

（丙）根据上述联合目录编制的情况，由全国图书联合目录编辑组再行拟订第三批联合目录的具体计划。

（三）进行办法：

采取以一个馆做基础、其他馆做补充的办法，就是：每一个专题，由编辑组选定一个收藏较多的图书馆，将所藏的图书抄打全份卡片寄交编辑组。由编辑组编成草目印若干份，分发若干有关图书馆，请他们同自己所藏的书刊核对，凡草目上已列而自己藏书中也有的，可在草目上加一△符号；凡草目所缺而自己收藏的，即打卡片一张，核对完毕以后，将原草目和补充的卡片一并寄交编辑组。编辑组根据寄回来的全部草目和补充卡片，再进行编订、出版工作。在统一领导、分工负责的原则下，也可以由编辑组选定一个收藏较多而又有编辑力量的图书馆负责编订某一专题的联合目录。

在这些专题之外，各图书馆如欲编制联合书目，应该事先同全国图书联合目录编辑组联系，以取得编辑组的协助，并避免不必要的重复。

（四）建立卡片目录中心：

先在北京试行；各地区也可研究或试行。

北京图书馆负责编制联合目录和建立卡片目录中心的工作，文化部应该为这两项工作给予人员编制和经费预算。

关于编制联合目录和建立卡片目录中心的详细办法，由全国图书联合目录编辑组拟订，并迅速着手进行。

三、（略）

24. 高等教育部关于1957年高等学校招收四年制研究生的规定

（1957年7月31日）

一、为培养高等学校师资和科学研究工作人员，决定部分高等学校（包括综合大学，工科、农林科和语文校院）1957年继续招收四年制研究生。负责培养研究生的高等学校招生的专业和名额由高等教育部确定。

二、今年招收的研究生，必须从政治、学业、健康三方面慎重选择，以保证必要的质量。关于他们的政治审查问题，必须由原在单位负责作出结论。招生学校再根据政治审查标准进行审查。

三、今年的研究生一般是招收高等学校本科毕业并有二年以上实际工作锻炼的在职人员，但少数专业亦可招收本届部分优秀的高等学校本科毕业生和工作不满二年的本科毕业生。凡年龄在40岁以下，在政治上拥护社会主义制度、拥护共产党的领导、愿意全心全意为人民服务，并在当前反右派斗争中表现好的，以及在学业、工作方面具有下列条件之一者，经原在单位同意或推荐，可向招生学校申请报考：

（一）高等学校本科毕业，有二年以上科学技术工作、教育工作或其他与科学有关的实际工作经验的；（二）高等学校本科毕业，参加工作不满二年，但学业和工作成绩优异的；（三）高等学校本科本届毕业生，学业成绩优异，本人愿作研究生，经原毕业学校选拔推荐的；（四）未经高等学校本科毕业，有三年以上科学技术工作、教育工作或其他与科学工作有关的实际工作经验，经科学机关、高等学校或本人工作部门证明确定具有高等学校本科毕业水平和从事科学研究工作能力的。

四、研究生入学考试的科目：

（一）专业学科：一般一至三门，最多四门，由招生学校根据专业性质确定；（二）政治科目：在四门政治课中任选一门，考试题目除选考课程中的基本理论知识以外，还必须着重考试当前反右派斗争的政治上思想上的各种实际问题；（三）外国语文：由报考人在招生学校规定的外国语文中自选一种。

考试题目由招生学校参照高等学校现行教学大纲所规定的范围选定。考试方式由招生学校决定。招生学校应在确定各专业考试课程后提出主要参考书和参考资料目录，以备报考人员索取。

五、招生分为两次进行。第一次在8月10日至31日报名，9月26日至30日举行入学考试；第二次初步确定在9月16日至30日报名，10月21日至25日举行入学考试。考生直接向招生学校报名，每人只能报考一个专业。

六、入学考试由招生学校负责办理，学校认为有必要时，可以组织考试委员会进行这项工作。为了减少考生旅途上的往返，招生学校应根据报考人员的地区分布情况委托其他地区的高等学校代办考试工作，受委托的学校应该积极办好被委托的考试工作。报考人员一律要经过入学考试，不得免试入学。

七、新生入学日期：第一次招生录取的，应于11月10日以前入学；第二次招生录取的，初步确定于11月底以前入学。

八、报考研究生必须交下列材料：

（一）报考人的详细履历登记表、原在单位所作的政治审查结论和最近工作或学习的鉴定材料（此项材料由原在单位直接送交报考人报考的学校）；（二）按照第三条第一项报考的，必须送交高等学校本科毕业证书和原在单位关于报考人工作二年以上的证明书；（三）按照第三条第二项报考的，必须送交高等学校本科毕业证书、历年学习成绩表和原在单位关于报考人工作年限的证明书；（四）按照第三条第三项报考的，必须送交高等学校本科毕业证书和历年学习成绩表；（五）按照第三条第四项报考的，必须送交报考人原在单位关于报考人工作满三年和科学机关、高等学校或本人工作部门关于报考人具有相当于高等学校本科毕业水平和从事科学研究工作能力的证明书；（六）原在单位同意或推荐的证明书；（七）最近半年内的健康检查证明书和二寸半身相片三张。

如果有与专业有关的科学论著或其他证明文件和毕业设计（论文）应该同时送交。

九、招生学校应对报考人进行是否具备报考条件的审查（政治审查标准另有规定，健康情况按全国高等学校招生健康检查办法及全国高等学校招生健康检查不合格之规定办理），决定是否批准报考人参加入学考试，并将审查结果和有关事项通知报考人或报考人所在单位。

十、被批准参加研究生入学考试的人员，今年一般不给予1—2个月的备考假期。本人的工作部门可根据考生距考试地点的远近给予1—2周的假期，进行考试，如考试地点较远，上述规定的时间不够用时，假期可作适当的延长。

十一、考生赴考旅费应由本人负责，如确有困难，可向原在单位申请补助。

已被录取的考生，入学赴校路费由原在单位负责解决；赴校路费的标准不得超过研究生由原在地到培养学校所在地的火车硬席、轮船统舱或长途汽车的票价。

十二、研究生学习年限暂定为四年，在学术导师指导下确定学习计划进行学习和研究，培养能够独立进行教学工作和科学研究工作的高等学校教师和科学研究人员。

十三、研究生在学习期间，一律享受人民助学金。其标准是：高等学校本届本科毕业生和参加工作不满二年的，一律每人每月发给45元，另加地区差价补助；凡参加工作二年以上的，一律按离职前原工资的80%发给助学金（折算结果不满45元的，可按45元计算）。

十四、凡在职人员考取高等学校作研究生的，毕业后在国家统一分配的原则下，优先照顾原在单位的需要，分配回原在单位工作；本届高等学校毕业生考取研究生的，毕业后由国家统一分配工作，但是可以优先考虑培养学校的工作需要。

25.财政部关于中央各部所属高等学校、中等专业学校开展“三勤”后在财务管理上几个问题的暂行规定

（1958年6月3日发布试行）

为了贯彻国家教育与生产相结合和“勤俭办学，勤俭生产，勤工俭学”的方针，对中央各部所属高等学校、中等专业学校1958年度的财务管理中的几个问题暂作如下规定：

一、关于预算拨款和生产收入的处理：

1.已经核定的1958年各部所属高等学校、中等专业学校的预算，由各部包干掌握。各学校的生产收入（指应归学校所有的生产收入除去生产开支后的净收入）亦归各部自行掌握。各部根据核定的预算和学校的生产收入，统一安排事业支出（包括增加新生的支出）和生产方面的周转金及必须增添的生产设备等。

2.各部对所属学校的财务管理，在发挥学校的积极性，挖掘潜力的情况下，原则上可以采取以收抵支的管理办法，即以生产收入抵拨事业支出，不足部分，由预算解决。学校预算核定后也可以实行包干，由学校掌握使用。在执行中，如果支出有节约，收入有增加，节约和增加的款项均由学校自行安排。

3.各部年终结余（指预算和生产的结余）可以结转下年度继续使用，各学校年终结余是否结转下年度使用，由各部自行决定。

二、学校生产所需要的周转金，可以从下列几方面解决：

1.清理积压的教学设备，一般设备和材料、废品等变价款；

2.争取加工订货，预收加工费、材料费和定金；

3.在年度预算范围内，可以根据需要提前预领经费；

4. 学校收入中积累的部分；

5. 必要时可以向银行申请贷款。

三、固定资产的调拨和折旧：

1. 对积压设备的处理：为了发挥设备的潜力，各部对所属学校的积压设备，可以采取有价或无价调拨的办法，解决某些学校教学和生产设备的不足。如果是无价调拨的调出单位应冲减固定资产基金，调入单位应作增加固定资产处理。如果是有价调拨的，调出单位所得变价款不上缴财政，由各部根据实际情况，留归调出单位补充设备或抽调部分作调剂之用。

2. 学校用于生产的固定资产，原则上应计算折旧，计算的方法，由各部根据实际情况规定，提取的折旧金，由各部自行处理。

四、事业支出和生产支出的划分：学校的生产费、事业费的开支，原则上应该划分。凡购置有关生产的原材料和为生产而增添的设备等支出，都应作为生产支出（划分不开的也可以作为事业支出）；参加生产的教职人员的工资和学生的助学金，应列为事业支出，实习工厂农场中主要从事生产的职工的工资，应列为生产支出。

五、会计报表：为了反映学校的全部支出和收入的情况，各部汇编所属学校的季度会计报表，在未作统一规定前，除按原规定表式和日期报送外，还需要增加季度收支对照表一并报送财政部，对照表格式和项目，由各部根据实际情况自行规定。

26.教育部关于高等学校1958年招考新生的规定

（1958年7月1日）

为了使高等学校招生便于贯彻因地制宜、因校制宜的原则，发挥地方和高等学校办学的积极性，今年改变全国统一招生的制度，实行学校单独招生或者联合招生。

根据鼓足干劲、力争上游、多快好省地建设社会主义的总路线，高等学校必须努力培养出又红又专的各项专门人才。因此，高等学校招生，要认真贯彻阶级路线，要保证新生的质量，并要保证招生计划的完成。

根据上述要求，对于今年高等学校招生，作如下规定：

一、改变高等学校全国统一招生制度，实行学校单独招生或者联合招生。招生工作的具体安排，由省、市、自治区及各高等学校根据地方和学校的情况，分别办理。

二、高等学校招生的政治审查工作和健康检查工作，由教育部会同中央有关部门统一部署，并由各省、市、自治区负责进行。

三、各省、市、自治区的教育厅（局）、高等教育厅（局）应会同有关部门组织本省、市、自治区范围内的高等学校，建立省、市、自治区的招生机构，并会同考区所在地的有关部门建立考区办事处，统一地组织领导当地的招生工作。省、市、自治区招生机构和考区办事处，负责对考生进行政治审查工作，协助卫生部门做好健检查工作，并协助本省、市、自治区的学校和外地在本省、市、自治区招生的学校办理报名、考试等工作。高等学校应该在招生所在地招生机构的领导下进行工作。

四、凡是中华人民共和国公民，具有高中毕业或相当于高中毕业的文化程度，年龄在30周岁以下（工人、农民、工农干部、转业军人、复员军人及参加革命工作满10年的在职干部，报考年龄可以适当放宽到35周岁以下），并有下列条件之一的，都可申请报考：

（一）高级中学和工农速成中学今年毕业生，持有毕业证明书的。

（二）中等专业学校今年毕业生，经主管业务部门或当地教育行政部门批准升学，并持有毕业证明书和学校介绍报考函件的。

（三）党政机关、事业和企业单位、群众团体等在职人员，经所在工作单位批准，并持有所在工作单位的介绍报考函件的。

（四）转业军人、复员军人、退伍军人，持有原籍县（大中城市为区）以上的转业建设委员会（或当地的民政部门）或者部队团（或相当于团）以上单位的证明函件的。

（五）归国华侨学生的香港、澳门学生，持有国内侨务机关或“港澳高中毕业生回广州升学指导委员会”证明函件的。

（六）其他知识青年，持有所在地的区或乡以上人民委员会的证明函件的。

五、今年高等学校招生，仍按不同性质专业，分为三类考试。按照报考的专业分类，分别考试以下科目。

（一）报考工科、理科各类专业（包括高等师范院校的理科各类专业和地理系科、综合大学的自然地理方面的专业），农林院校的农业生产机械化、水利土壤改良、水产加工、工业捕鱼、农业气象、土地规划、森林采伐运输、水运、森林采伐运输机械、木材机械加工、林产化学等专业，医药院校的药学专业等，考试下列科目：

本国语文、政治常识、数学、物理、化学、外国语。

（二）报考医科、农林科各类专业（已列入（一）类的各专业除外），生物系科、体育系科（包括高等师范院校的生物、体育系科），心理专业等，考试下列科目：

本国语文、政治常识、物理、化学、达尔文主义基础、外国语。

报考体育系科的，加试体育术科。

（三）报考文、史、政法（包括高等师范院校的文、史、教育、政治教育等方面的系科）、财经、艺术各科各类专业，综合大学的哲学、政治经济学、经济地理专业等，考试下列科目：

本国语文，政治常识、历史、地理、外国语。

报考财经科各专业、经济地理专业、哲学专业的，加试数学（从事财经工作的专业干部，报考财经科各专业的，可以申请免试）；报考艺术科各专业（包括高等师范院校的音乐、图画系科）的，加试科目由有关高等学校另行规定。

外国语考试，分俄语和英语两种，由考生根据所学，任选一种。没有学过外国语的，可以申请免试。

高等学校招生考试，应根据1958年的高等学校招生考试大纲进行命题。

中等学校的政治课改变为社会主义教育课程以后，各校学习进度很不一致，按原订考试大纲内容命题考试有困难；今年招生的政治常识考试内容，改为考试一年来国内重要政治事件和重大时事（主要是考试学生对整风和反右派斗争的认识和表现）。高等学校录取学生，应结合考生平时的政治思想品质来考虑，而不应单凭政治常识的考试成绩来考虑。

六、高等学校录取新生的原则，规定为：在保证政治质量的前提下，结合学业、健康条件，选择录取质量较好的新生入学。

对于具有下列条件的考生，分别予以优先录取：

（一）对于报考的工人、农民、工农干部、工农速成中学毕业生以及参加革命工作满10年的在职干部、转业军人、复员军人，政治、健康条件合乎标准，学科考试成绩达到一定标准（入学后能够跟班上课）的，采取在录取一般考生以前优先录取的办法。

（二）对于报考的少数民族学生、烈士子女、转业军人、复员军人、退伍军人、参加革命工作满五年的在职干部、参加工农业劳动满二年的青年知识分子，以及华侨学生，香港、澳门学生，采取同等成绩优先录取的办法。

对于工人、农民、工农速成中学毕业生、工农干部等，可以采取免试保送入学的办法：

（一）对于工农速成中学毕业生，政治、健康条件合乎标准，平时学科成绩经有关高等学校审查认为入学后能够跟班上课的，采取保送入学的办法。由工农速成中学和高等学校联系办理。

（二）对于工人、农民、工农干部和参加革命工作时间较久的老干部，政治、健康条件合乎标准，文化程度经接受的高等学校测验认为入学后能够跟班上课的，可以采取保送入学的办法。由保送部门和有关高等学校联系办理。

七、由于学生的地区分布和各地区的高等学校招生任务之间有较大的不平衡，为了保证全面完成招生任务，并且考虑到各高等学校的性质和专业设置情况，对于各类高等学校招生的地区范围，根据就地取材与地区调剂相结合的原则，作如下统一安排。

（一）主要为本省、市、自治区培养干部的高等师范、医、农院校或其他院校，以招收本省、市、自治区的学生为原则。

（二）协作区性的综合大学、工科、语文、政法、财经、艺术、体育等院校，原则上在学校所在地的协作区或者原大行政区范围内招生。

（三）全国性的高等学校，可以在全国招生。有些学校虽不是全国性的，但因设置的专业特殊，可以超越学校所在地区范围到其他适当的省、市招生。华北、西北地区考生来源较少，这两个地区的一部分学校，除了在本地区招生外，要到华东、中南地区范围内招生。西北地区的一部分学校，要到四川、河南省招生。

各高等学校招生分省、市、自治区录取新生调剂方案，由教育部与有关省、市、自治区及有关学校协商制订。

八、实行联合招生的高等学校的招生考试，原则规定在7月20日—31日这一段时间内举行；单独招生的学校的考试日期，由学校和有关省、市、自治区招生机构商定。

九、为了便利考生报考，各省、市、自治区原则上仍应维持以往统一招生的考区设置；凡是高中毕业生较多的地方，各地应根据具体情况，尽可能地增设一些考区或考场。

十、经第一次招生后，未录取足额的学校，还可以再次招生，或者在未被录取的考生中选择一部分条件较好的，经征求志愿，录取入学。

十一、各类考生在报考期间所需要的一切费用，均由本人自备。被录取后的赴校路费，在职干部、转业军人由所在单位发给，工农速成中学今年毕业生由当地招生机构或教育行政部门给予补助；其他新生的赴校路费应由本人负责，但个别因赴校路途较远，家庭经济困难，确实无力筹措赴校路费的，可以向所在省、市、自治区招生机构或当地教育行政部门申请补助。

十二、被录取的新生，应按照录取学校所规定的时间到校，并按录取学校的规定办理入学手续。

十三、高等学校在新生入学后，应即进行政治、健康复查。复查不合格的，取消入学资格。

十四、单独或者联合招生的高等学校，按照本规定并结合学校的具体要求，制订招生简章，向考生公布。

十五、各地招生工作机构和各高等学校，应密切依靠地方党委、政府和学校党委的领导，做好招生工作。

27. 中国共产党中央委员会、国务院关于教育事业管理权力下放问题的规定

（1958年8月4日）

为了充分地发挥各省、市、自治区举办教育事业的主动性和积极性，并且加强协作区的工作，实行全党、全民办学，加速实现文化革命和技术革命，今后对教育事业的领导，必须改变过去条条为主的管理体制，根据中央集权和地方分权相结合的原则，加强地方对教育事业的领导管理。为此，特作如下规定：

一、今后教育部和中央各主管部门，应该集中主要精力研究和贯彻执行中央的教育方针和政策；综合平衡全国的教育事业发展规划；在中央领导下协助地方党委进行政治思想工作；指导教学和科学研究工作；组织编写通用的基本教材、教科书；拟定必要的全国通用的教育规章、制度；对高等学校教师进行必要的调配；及时总结交流经验。并且应该办好直接管理的学校。

二、小学、普通中学、职业中学、一般的中等专业学校和各级业余学校的设置和发展，无论公办或民办，由地方自行决定。新建高等学校和中等工科技术学校，凡能自力更生解决问题的，地方可自行决定；需要协作区内各省、市、自治区合作筹建的，由协作区协商决定。以上新建的高等学校无论公办或民办，由省、市、自治区政府报中央教育部备案即可。需要中央教育部或其他部门支援的新建高等学校，须事先报中央教育部和主管业务部门批准。

三、各地区的招生计划，由省、市、自治区和协作区初步汇总和平衡；然后由中央进行全国范围的汇总和必要的平衡。

关于各类学校招生地区和学生来源，主要为省、市、自治区和

主要为协作区培养人才的学校，由省、市、自治区和协作区调剂平衡。中央各部学校的招生和各协作区间招生的平衡，由中央教育部会同有关部门统筹安排。

高等学校招生时，各省、市、自治区首先应该保证中央各部学校的招生任务；其次保证经过协议确定的外地学校的招生任务；然后，完成本省、市、自治区学校的招生任务。

四、所有学校的政治思想工作及各种社会活动，都归地方党委领导。

五、各地方根据因地制宜、因校制宜的原则，可以对教育部和中央各主管部门颁发的各级各类学校的指导性教学计划、教学大纲和通用的教材、教科书，领导学校进行修订补充，也可以自编教材和教材书。并供给学校必需的参考资料和组织各校的生产实习工作。

六、所有学校勤工俭学的生产计划，都由地方审查批准，纳入地方的生产计划。并组织各方面的协作，帮助解决原材料供应和产品推销问题。

七、国务院科学规划委员会和中央各部分配给地方学校的科学研究任务，地方应该督促学校设法完成；地方分配给中央各部学校的科学研究任务，中央各部应该督促学校设法完成。地方应注意组织学校、科学研究机关、生产企业之间在科学研究工作方面的协作，并帮助解决科学研究工作的条件。

八、地方学校的干部和教师，全部划归地方管理。地方并应协助管理中央管理的干部。地方学校的干部和教师，中央如有需要，可以与地方协商抽调。中央各部学校的干部和教师，地方如有需要，商得主管部门的同意，也可以调用。协作区内各省、市、自治区间干部、教师的调剂，由协作区协商解决，必要时可以商定相互支援培养师资的计划。

所有学校教职员工工资的调整评议工作，都由地方统一领导和审查批准。

九、过去国务院或教育部颁布的全国通用的教育规章、制度，地方可以结合当前工作发展情况，因地制宜、因事制宜地决定存、废、修订，或者另行制定适合于地方情况的制度（包括各项定额标准和执行办法）。

十、关于高等和中等专业学校毕业生的分配，国家经济委员会和中央各部只统筹分配中央各部学校的毕业生和归中央抽成分配的毕业生。其余由各省、市、自治区自行分配；必要时，协作区可在本协作区内进行适当调剂。

十一、关于派遣出国留学生，接受来华留学生，邀请国外教师来华工作、讲学、访问，以及派遣教师出国工作、讲学、访问等事项，由中央各主管部门统筹安排。分配给地方的任务，地方应设法完成。

关于分配回国留学生的工作，由国家经济委员会负责。

28. 劳动卫国体育制度条例

（1958年10月20日国务院全体会议第八十一次会议批准
1958年10月25日体育运动委员会发布）

第一条 劳动卫国体育制度（简称劳卫制）是国家根据社会主义建设事业需要，对人民在体育锻炼上的基本要求而制定的，其目的在于鼓励人民积极参加体育锻炼，促进体育运动的广泛开展，提高运动技术水平，使人民身强力壮，意志坚强，更好地为社会主义建设和保卫祖国服务。

第二条 根据身体全面发展、循序渐进的原则和性别、年龄的不同，劳卫制分为少年级、一级和二级三个级别。

第三条 劳卫制一级和二级各有六个项目，能够使参加锻炼的人的身体，在速度、耐力、灵敏和力量等方面得到全面的发展，并且使参加锻炼的人掌握初步的国防知识。六个项目中，第一项至第五项的标准由中华人民共和国体育运动委员会统一制订，第六项的标准由各省、直辖市、自治区体育运动委员会因地制宜地自行制订。

少年级的五个项目标准，由中华人民共和国体育运动委员会统一制订。

第四条 各级体育运动委员会分别负责领导和监督全国或所属地区的劳卫制工作。教育部门和工会分别负责领导学校和职工的劳卫制工作。卫生部门负责劳卫制的医务监督工作。共青团应在劳卫制工作中起积极作用。

第五条 参加劳卫制锻炼的人应当听取“体育运动的目的任务与医务监督知识”和“一般国防知识”两个讲座的报告，并且通过规定项目的测验。测验及格后由中华人民共和国体育运动委员会授予有关级别的证章一个、证书一张。

第六条 参加劳卫制一级和二级测验的，从测验及格第一个项目起，一年内达到全部规定的项目标准即为合格。参加少年级测验的，在规定年龄内达到所有项目标准即为合格。

第七条 为了保证劳卫制工作的质量，各级体育运动委员会和各个系统的体育组织有权进行检查测验。

第八条 为了鼓舞人民经常参加体育锻炼，有效地增强体质，劳卫制一级和二级证章、证书的有效期限定为三年。过期可以重新测验，测验及格后由基层体育组织在原证书上注明，不另发证章、证书。

第九条 授予证章、证书，由中华人民共和国体育运动委员会委托地方体育运动委员会和有关部门办理。授予证章、证书时，应当严肃慎重，以达到教育和鼓舞的目的。

第十条 获得劳卫制证章、证书的人，要努力提高政治觉悟，积极参加建设和保卫祖国的各项工作，并积极带动和组织群众参加体育运动。

第十一条 省、直辖市、自治区体育运动委员会可以根据本条例的精神规定有关推行劳卫制工作的具体办法，并报中华人民共和国体育运动委员会备案。

第十二条 本条例自发布之日起施行，“准备劳动与卫国制度暂行条例”即行废止。

29. 国务院关于全日制学校的教学、劳动和生活安排的规定

（1959年3月22日国务院全体会议第八十六次会议通过
1959年5月24日发布）

为了在全日制学校中进一步地贯彻执行党和政府的教育方针，全面地安排教学、劳动和学生生活，特作如下规定：

一、关于高等学校教学、劳动和假期时间的安排

（1）高等学校每年的教学、劳动和假期的时间，由于学校的性质和修业年限不尽一致，不能强求一律。教学时间一般规定为七个半月至八个半月（三十三周至三十七周），学生生产劳动的时间一般规定为两个月至三个月（八周至十三周），假期一般规定为一个半月（六周至七周）。各校分别按学校的性质、修业年限、不同年级和专业的特点具体安排，可以适当地增加或减少。劳动时间可以分散或适当集中使用，必要时可占用部分假期时间（不超过二周）。学生参加校外社会公益劳动的时间每年一般不超过半个月。假期劳动和社会公益劳动都包括在规定的两个月至三个月的劳动时间以内。

（2）各类高等学校的各专业的教学总时数由教育部另行规定。安排教学时数的时候，注意不要削弱基础课。

（3）高等学校学生的学习时间，包括自习在内，每天要有九小时左右。每周（按六天学习计算）要有五十四小时左右。

（4）在高等学校中，科学研究工作必须安排在教育计划之内，并且应该注意与教学和生产劳动结合。但不要使科学研究的任务过重，以致妨碍经常的教学工作。不要勉强组织学校献礼；如果科学

研究得到了确切的成果，可以进行献礼，每年也不要超过一次。

二、关于中、小学和中等专业学校的教学、劳动和假期时间的安排

（1）中、小学每年教学时间（包括复习、考试的时间），小学为三十九到四十周，普通中学为三十七到四十周。中、小学每天除上课时间以外，应该保证中学学生有二到三小时的自习时间，小学生有一到二小时的自习时间。

（2）中学生每周的劳动时间，高中学生一般规定为八小时，最多不超过十小时；初中学生一般规定为六小时，最多不超过八小时；小学生从九岁起，一般每周的劳动时间规定为四小时，最多不超过六小时。中学生参加社会公益劳动时间每年不超过半个月，小学生可以适当参加一些较轻的社会公益劳动，都包括在规定的劳动时间以内。

普通中学每年至少要有一个半月的假期，小学每年要有两个月的假期（农村学校包括农忙假在内）。在假期中，学校方面应当鼓励学生利用假期参加劳动，但不规定学生的劳动任务。

（3）全日制的工农业性质的中等技术学校，可以参照高等学校的办法执行，参加生产劳动的时间可以多一些，但最多不得超过四个月。师范、艺术、财经、卫生、体育等中等专业学校可以大致参照高中的办法执行，劳动时间可以分散或适当集中使用。

三、关于生产劳动的形式、条件和方法

（1）学生参加生产劳动有三种基本形式：一种是在学校举办的农场和工厂中参加劳动，一种是学校安排的下厂下乡的劳动，一种是参加社会公益劳动。应该根据各级各类学校的特点作出不同的安排。

（2）高等学校和中等专业学校的学生参加生产劳动，应该有一部分与所学的专业结合。为了便于结合教学安排生产劳动，学校应该在可能的条件下举办一些农场和工厂。学生除在校内参加工农业

生产劳动外，还应该有一定的时间下厂下乡参加生产劳动。其中理、工、农、医各专业除经常生产一部分产品外，还应结合国家建设需要应用新技术试制新产品；社会科学各专业应以较多时间下厂下乡参加生产劳动，并且应结合生产劳动参加社会工作和进行调查研究。

（3）组织中、小学生参加校内校外的工农业生产劳动，应该尽可能地按不同年级安排，主要目的是使学生养成劳动的习惯，和能够学到一些基本的生产知识和技能，而不是为了得到报酬。学校可以自办适合学生年龄特点的小工厂、小车间，也可以和工厂挂钩，或由工厂在学校中设立车间，但不要把学校与工厂合并。

（4）学校中的工厂，在安排生产的时候，应该注意不要使生产任务过重，以致影响学生的学习。规模较大的工厂，为了维持正常生产，保证产品质量，应该有一定数量的固定工人和专职的管理干部。

（5）学校的工业生产计划，应报经当地政府批准，纳入学校所在地的地方生产计划，由省、市、自治区计划委员会负责安排生产，并帮助解决生产原材料的供应和产品的销售等问题。有些中央工业部门的直属学校，也可以将学校生产计划纳入主管部门的生产计划，由主管部门负责解决生产上的问题。各级教育行政部门，应该设立管理学校生产的机构或专职干部，协同有关部门管理学校的生产工作。中央和地方的各部门，在安排生产任务时，应该考虑学校教学实习和科学研究的需要，并照顾学校的技术条件，生产任务应低于一般工厂，并且给学校留有一定的机动生产能力。

（6）高等学校学生参加校外公益劳动或其他社会活动，由省、市、自治区人民委员会统一安排，中、小学和中等专业学校学生参加校外公益劳动或其他社会活动，由省、市、自治区人民委员会委托一定的机关负责安排，其他各单位都不要直接向学校布置劳动任务和其他社会工作。各级政府在布置学校生产任务的时候，应注意保证学校教育计划的完成。

（7）组织学生的劳动时，必须注意年龄、性别等特点。体弱有病的学生，可以少参加或不参加劳动。小学和初中学生不应参加重劳动，不宜作夜班，高中学生一般也不宜作夜班。女学生不参加过重的体力劳动，并须注意月经期的卫生。组织学生参加劳动时，应该注意学生的安全。

四、关于学生生活的安排

（1）要使学生有足够的睡眠时间和一定的文化娱乐时间。高等学校学生每天睡眠八小时，中学生每天睡眠八至九小时，小学生每天睡眠九至十小时。高等学校学生的课外活动的时间每周大约有十八小时，其中九小时可以安排必要的会议（如党团组织生活）和体育、军事训练等活动，其余时间由学生自由支配。

（2）要注意学生的生活，办好食堂。有条件的学校可以种菜、养猪、养羊、养鸡等，这样既可以使学生有机会参加农、副业劳动，又可以提高学生的伙食水平。各校的生产收入应该拨出一部分，适当解决学生生产劳动中的生活困难问题。此外还要注意逐步改善学生的居住条件。

（3）体育活动，可以增强体质，减少疾病，保证学习。除上体育课外，学生的体育活动要和军事训练、劳卫制锻炼结合起来在课外进行，不要占用上课时间。学校训练体育选手应在课余时间进行。学校的运动会不宜过多。

（4）学生的文娱活动应该充分执行自愿原则，以丰富多彩的内容、多种多样的形式吸引学生参加，不要强求一律，不要硬性规定任务。根据学生的爱好和特长，可以组织各种文艺社团，学校文娱会演的次数不能太多，以免影响学生的学习。

（5）要加强卫生教育，督促学生搞好环境卫生，养成良好的卫生习惯。除四害、讲卫生，是消灭疾病、保证身体健康的重要措施，学校的卫生工作要尽量做到经常化、制度化，在课余时间进行。

学校党委和校务委员会可以参照以上规定，根据各校的具体情况，对学校的教学、劳动和生活作妥善的安排。

30. 中国共产党中央委员会、国务院关于试验改革学制的规定

（1959年3月22日国务院全体会议第八十六次会议通过
1959年5月24日发布）

自从1958年9月18日中共中央、国务院关于教育工作的指示指出“现行的学制是需要积极地和妥当地加以改革的，各省、市、自治区党委和政府有权对新的学制进行典型试验”以后，各地有不少学校进行改革学制的试验。其中有些试验，是经过中央教育部和省、市、自治区党委批准的，但有许多则是未经批准而自行试验的。学制改革的试验是教育事业中的一件大事，必须有组织、有领导地进行。为此作如下的规定：

一、各省、市、自治区党委和教育行政部门应当有领导、有计划地指定个别（不是大量的）小学、普通中学进行改革学制的试验，并将指定的学校和试验的办法报中央教育部。未经省、市、自治区批准的中、小学校，不得进行改革学制的试验。

二、中央各部门和各省、市、自治区所属的高等学校，如改变修业年限，须经中央教育部批准。中央各部门所属的中等专业学校，如改变修业年限，须经主管的中央部门批准。地方所属的中等专业学校，如改变修业年限，须经省、市、自治区批准；但其中为全国服务的中等专业学校，如改变修业年限，须由省、市、自治区和中央有关部门协商决定。凡未经批准的，都不许改变修业年限。

中央各部和省、市、自治区批准所属中等专业学校改变修业年限，均须报中央教育部备案。

三、中央教育部应当负责汇集各地区、各学校试验改革学制方

面的资料和经验，进行研究总结，在1961年年底以前，向中共中央和国务院提出改革学制的初步方案。

四、在中央和国务院规定新的学制以前，各级各类全日制学校，一般应当执行现行学制和修业年限。

31. 国务院关于高等学校师资的补充、培养和调配问题的规定

（1959年3月22日国务院全体会议第八十六次会议通过
1959年5月24日发布）

师资的补充、培养和调配问题，是发展高等教育事业和提高教育质量的一个关键性的问题。为了有计划地为高等学校补充和培养新的师资，合理地使用现有师资，特作如下规定：

一、国家计划委员会，教育部，中央各部门和各省、市、自治区人民委员会，都应当将高等学校师资的补充问题，列入重要议事日程，认真制订1959年和第二个五年计划期间的全国、本部门和本地方的高等学校师资的补充和培养的计划。中央各部门和各省、市、自治区，每年应该把所属高等学校各类课程师资的补充计划，作为专项列入本部门、本地区的干部补充计划之内，报国家计划委员会。并且将师资补充计划抄送教育部，由教育部审核汇总后送国家计划委员会，作为分配当年高等学校毕业生的依据。

二、高等学校师资补充的来源，应该从下列几个方面解决：

1.对于增加在校学生的高等学校，应该根据学生增加的数量按一定的比例将政治、业务较好的高等学校毕业生分配给他们作为助教，并且首先注意解决全日制的高等学校本科的需要。师资与学生的比例，一般地是一比十左右，但是必须根据实际需要和可能条件予以补充。中央各部门所属学校，由教育部会同国家计划委员会及有关的中央部门制订方案，从全国统一分配的高等学校毕业生中调配解决。各省、市、自治区所属高等学校需要补充的师资，由各省、市、自治区人民委员会制订方案，从留地方分配的高等学校毕业生

中调配解决；某些学校或专业的师资，地方确实无法就地补充的，应该报教育部，由教育部商同国家计划委员会从全国统一调配的高等学校毕业生名额中酌予解决。

2. 国内外培养的研究生，凡属高等学校为了培养自己所需要的师资而选送者，应该尽可能地分配给原单位。在分配留学回国的大学毕业生时，也应该适当照顾高等学校补充师资的需要。

三、教育行政部门和高等学校，应该积极帮助现有教师在工作中改造思想、提高政治理论和业务水平，充分发挥他们的作用。其中应该特别注意培养和提高青年教师。

在国内外培养研究生和组织教师进修，是培养和提高高等学校师资的一种有效的办法。必须采取措施，认真加强这一方面的工作。教育部应该会同有关方面，在今年五月底和六月底以前，分别订出1959年、1960年在国内外培养研究生和组织高等学校教师进修的具体计划。

四、教育部根据全国高等教育事业的发展和合理布局的需要，负责对高等学校师资进行必要的调配。

教育部规定的老学校支援新学校的任务，中央主管部门或省、市、自治区应该督促所属有关学校发扬共产主义的协作精神，在基本上不削弱本校师资力量的前提下，积极设法完成支援任务。具体支援的办法，由教育部和有关方面协商规定。

五、为了便于掌握和了解全国高等学校师资队伍的基本情况，以便采取措施，解决师资的补充、培养和调配等方面的问题，各省、市、自治区和中央各部门应该于每学年初（每年十月底以前）将所属高等学校师资队伍的基本情况（包括各专业教师人数、政治思想情况、业务水平、培养和调动情况），向国务院作一次报告，并且抄送教育部。

32.教育部关于1959年高等学校招考新生的规定

（1959年6月5日）

1959年的高等学校招生工作，要在1958年工作的基础上，继续贯彻党委领导的原则，继续贯彻阶级路线，认真贯彻按学校情况分别保证招生质量的原则，并要完成各类高等学校的招生计划。

根据上述要求，对于今年高等学校招生，作如下规定：

一、高等学校招生采取统一领导与分散办理相结合的方式。各省、市、自治区根据本规定和有关招生工作的统一部署，因地制宜地办理招生工作。各省、市、自治区的教育厅（局）、高等教育局（厅），在省、市、自治区党委和人民委员会的领导下，会同有关部门，组织本省、市、自治区的高等学校，建立招生机构，统一办理本省、市、自治区招生的各项工作。

对于招生考试有特殊要求的学校，可以单独招生。

所有招生的高等学校，均应在当地党委和招生机构的统一领导下，进行招生工作。

二、各中央部门领导的学校在各省、市、自治区的招生人数，以及考生来源较多的省、市支援考生来源不足的省、市、自治区的调剂人数，由教育部与有关省、市、自治区及有关学校协商制订调剂方案。各省、市、自治区之间彼此招生的少量调剂人数，由各省、市、自治区之间自行商定。

确定在各省、市、自治区进行招生的高等学校和系科（专业），由各省、市、自治区招生机构在报名以前向考生公布。

三、凡中华人民共和国公民，具有高中毕业或相当于高中毕业的文化程度，年龄在30周岁以下（工人、农民、复员转业军人和在职干部的报考年龄，各地可以适当放宽）的青年，有下列条件之一的，可以申请报考高等学校：

（一）高级中学今年毕业生持有学校介绍报考函件的；

（二）中等专业学校今年毕业生，经主管业务部门或当地教育行政部门批准升学，并持有学校介绍报考函件的；

（三）党政机关、事业和企业单位、群众团体等在职人员，经所在工作单位批准，并持有所在工作单位的介绍报考函件的；

（四）转业军人、复员军人、退伍军人，持有原籍县（大中城市为区）以上的政府民政部门或者部队团以上单位的证明函件的；

（五）归国华侨学生和香港、澳门学生，持有国内侨务机关或"港澳高中毕业生回广州升学指导委员会"的证明函件的；

（六）其他知识青年，持有人民公社或者区以上人民委员会的证明函件的。

四、今年高等学校招生按不同性质专业分为三类考试，并分别考试以下科目：

（一）理、工科各类专业（包括师范院校的地理系科、综合大学的自然地理专业），农林院校的农业生产机械化、农业气象、土地规划、农田水利、农业物理学、农业化学、农业电气化、农业机械设计制造、森林采伐运输、水运、森林采伐运输机械、林业机械制造、林产化学工艺、木材机械加工、工业捕鱼、水产加工等专业，医药院校的药学专业的考试科目，规定为：本国语文、政治、数学、物理、化学、外国语。

（二）医、农、林科各类专业（已列入（一）类的各专业除外），生物系科、体育系科、心理专业的考试科目，规定为：本国语文、政治、物理、化学、生物、外国语。

（三）文、史、政法、财经、艺术科各类专业和综合大学的经济地理专业的考试科目，规定为：本国语文、政治、历史、地理、外国语。

对报考财经科各专业、经济地理专业、哲学专业的考生，要加试数学（从事财经工作的专业干部，报考财经科各专业的，可以申请免试）。报考艺术、体育和其他有特殊要求的专业（系科）的考生的加试科目，由有关学校自行规定。

外国语的考试分俄语和英语两种，由考生根据所学任选一种。没有学过外国语的，可以申请免试。但是报考外国语专业的考生，不得申请免试。

五、高等学校招生统一考试，规定在7月20日举行。单独招生的高等学校考试的日期，由学校自定。

六、考区和考场的设置，由各省、市、自治区自行确定，并向考生公布。

七、高等学校录取新生的原则，规定为：在保证政治质量的前提下，结合考生学业、健康条件，择优录取。

对于工人、农民、工农干部和老干部，实行选送报考的办法，选送生不参加全国统一考试，由接受选送生学校单独进行考试。选送办法由各省、市、自治区教育行政部门负责布置。

对于未经选送而参加统一考试的工人、农民、工农干部，以及复员、转业军人、参加革命工作时间较久的在职干部、少数民族、烈士子女、华侨学生、香港、澳门学生等考生，采取优先录取的办法。

八、各类考生在报考期间的一切费用，均由本人自备。录取后的赴校路费，在职人员、转业军人、中等专业学校今年毕业生由所在单位（学校）发给；其他新生的赴校路费原则上应由本人自理，个别因赴校路途较远，家庭经济困难，确实无力筹措路费的，可以向所在省、市、自治区招生机构或当地教育行政部门申请补助。

九、高等学校在新生入学后，应即进行政治、健康复查；复查不合格的，取消入学资格。

十、各省、市、自治区招生机构和单独招生的学校，根据本规定，结合本省、市、自治区和学校的具体要求，另行制订招生简章，向考生公布。

33.文物保护管理暂行条例

（1960年11月17日国务院全体会议第一百零五次会议通过
1961年3月4日国务院公布施行）

第一条 在中华人民共和国境内，一切具有历史、艺术、科学价值的文物，都由国家保护，不得破坏和擅自运往国外。各级人民委员会对于所辖境内的文物负有保护责任。一切现在地下遗存的文物，都属于国家所有。

第二条 国家保护的文物的范围如下：

（一）与重大历史事件、革命运动和重要人物有关的、具有纪念意义和史料价值的建筑物、遗址、纪念物等；

（二）具有历史、艺术、科学价值的古文化遗址、古墓葬、古建筑、石窟寺、石刻等；

（三）各时代有价值的艺术品、工艺美术品；

（四）革命文献资料以及具有历史、艺术和科学价值的古旧图书资料；

（五）反映各时代社会制度、社会生产、社会生活的代表性实物。

第三条 各省、自治区、直辖市和文物较多的专区、县、市应当设立保护管理文物的专门机构，负责本地区内文物保护管理、调查研究、宣传、搜集、发掘等具体工作。

第四条 各级文化行政部门必须进行经常的文物调查工作，并且应当陆续选择重要的革命遗址、纪念建筑物、古建筑、石窟寺、石刻、古文化遗址、古墓葬等，根据它们的价值大小、按照下列程序确定为县（市）级文物保护单位或者省（自治区、直辖市）级文物保护单位：

（一）县（市）级文物保护单位，由县、市文化行政部门报县、市人民委员会核定公布，并报省、自治区、直辖市人民委员会备案；

（二）省（自治区、直辖市）级文物保护单位，由省、自治区、直辖市文化行政部门报省、自治区、直辖市人民委员会核定公布，并报国务院备案。

文化部应当在省（自治区、直辖市）级文物保护单位中，选择具有重大历史、艺术、科学价值的文物保护单位，分批报国务院核定公布，作为全国重点文物保护单位。

第五条 对于已经公布的文物保护单位，应当分别由省、自治区、直辖市人民委员会和县、市人民委员会划出必要的保护范围，作出标志说明，并且建立科学的记录档案。全国重点文物保护单位的保护范围的确定，应当报经文化部审核决定。

一切文物保护单位的保护和管理，都由所在地县、市人民委员会负责；日常具体的保护和管理工作，可以委托所在地的人民公社、机关、学校、团体进行。对于特别重要的文物保护单位，省、自治区、直辖市可以设置博物馆、研究所、保管所等专门机构。

第六条 各级人民委员会在制定生产建设规划和城市建设规划的时候，应当将所辖地区内的各级文物保护单位纳入规划，加以保护。

第七条 工业、农业、水利、交通、国防、城市建设等部门，在进行各项工程设计的时候，对于工程范围内的文物保护单位，应当事先会同省、自治区、直辖市或者县、市文化行政部门确定具体保护办法，列入设计任务书。如果因建设工程的特别需要而必须对文物保护单位进行发掘或者迁移，建设部门应当根据文物保护单位的级别，同各该级人民委员会协商，并且必须在取得一致意见以后才能动工。意见有分歧的时候，由人民委员会报请上级决定。

全国重点文物保护单位的发掘或者迁移，应当由省、自治区、直辖市人民委员会报国务院决定。

第八条 在进行大规模的工业、农业、水利、交通、国防、城市建设等工程的时候，建设部门应当事先会同省、自治区、直辖市文化行政部门在工程范围内进行文物的勘探工作，对于勘探中发现的文物，应当共同商订具体的保护或者处理办法。遇有特别重要的发现，省、自治区、直辖市文化行政部门应当报文化部处理。

在进行一般建设工程或者农业生产中，如果发现文物，应当立即报告当地文化行政部门，遇有重要发现的时候，当地文化行政部门应当及时报请上级文化行政部门处理。

第九条 凡因建设工程关系而进行的文物勘探、发掘、拆除、迁移等工作，应当纳入建设工程计划，所需的经费和劳动力，由建设部门分别列入预算和劳动计划。

第十条 各文物管理机构、科学研究机构和学校等，不是配合建设工程而进行考古发掘的时候，应当提出发掘计划，报经文化部会同中国科学院审核批准后，始得进行发掘。

第十一条 一切核定为文物保护单位的纪念建筑物、古建筑、石窟寺、石刻、雕塑等（包括建筑物的附属物），在进行修缮、保养的时候，必须严格遵守恢复原状或者保存现状的原则，在保护范围内不得进行其他的建设工程。

全国重点文物保护单位的修缮计划，应当经文化部审核同意。省（自治区、直辖市）级文物保护单位的修缮计划，应当经省、自治区、直辖市文化局（厅）审核同意，报文化部备案。县（市）级文物保护单位的修缮计划，应当经县、市文化行政部门审核同意，报省、自治区、直辖市文化局（厅）备案。

上述文物保护单位需要拆除的时候，必须报经原公布机关批准，并且要在拆除以前作好全部实测、摄影、文字记录等工作。可以保存的典型建筑构件及附属文物等，应当交博物馆或者文物管理机构保存。

第十二条 核定为文物保护单位的纪念建筑物或者古建筑，除可以建立博物馆、保管所或者辟为参观游览场所外，如果必须作其他用途，应当由主管的文化行政部门报人民委员会批准。使用单位要严格遵守不改变原状的原则，并且负责保证建筑物及附属文物的安全。

第十三条 各地文化行政部门应当加强对文物商业的管理，并且经常注意调查和搜集散存在当地的文物。

废旧物资回收及使用部门应当与各地文化行政部门共同负责拣选掺杂在废旧物资中的文物，并且注意加以保护。

第十四条 一切具有历史、艺术、科学价值的重要文物，除国务院批准运往国外展览、交换的以外，一律禁止出口。报运出口的文物，必须由海关会同文化行政部门进行鉴定。运出地点以指定口岸为限。经鉴定不能出口的文物，国家在必要的时候可以征购。经查明确系企图盗运出口的文物，应予没收。

第十五条 对于保护重要文物有功或者捐献重要文物的单位或人员，可以给予表扬或者适当的物质奖励。对于破坏、损毁、盗窃文物和盗运文物出口的分子，应当按照情节轻重给予应得的处分。

第十六条 中华人民共和国文化部可以根据本条例制定各项具体的实施办法。

第十七条 省、自治区、直辖市人民委员会可以根据本条例的精神，结合具体情况，制定本地区的文物保护管理办法。

第十八条 本条例自公布之日起施行。

本条例公布后，中央人民政府政务院和国务院过去发布的有关文物保护管理的法规，除其中保护稀有生物和古生物化石的规定仍继续有效外，一律废止。

34. 中华人民共和国教练员等级制度

（1963年5月10日体育运动委员会公布施行）

第一章　总　则

第一条　为了鼓励教练员积极学习，努力提高政治觉悟和业务水平，做好教学训练工作，以促进我国体育运动技术水平的迅速提高，特制定教练员等级制度。

第二章　等级名称

第二条　教练员定为五级：国家级教练员、一级教练员、二级教练员、三级教练员、助理教练员。

第三章　各级教练员的条件

第三条　各级教练员必须接受中国共产党的领导，热爱祖国，拥护社会主义，全心全意为人民服务；积极钻研业务，努力做好教学训练工作；努力学习马克思列宁主义和毛泽东著作，不断提高政治觉悟和马克思列宁主义理论水平。

第四条　助理教练员：凡具备第三条要求的中等体育学校毕业生（国防体育项目的教练员不一定是体育学校毕业生，但必须受过一定的专业训练），或经过三年训练的运动员，担任教练工作时，称助理教练员。

第五条　三级教练员：

（一）凡具备第三条要求，担任二年以上教练工作的助理教练员，在实际工作中证明能担任初级水平运动队的教学训练工作，可晋升为三级教练员。

（二）凡具备第三条要求的体育学院本科和体育系毕业生，或经过五年训练的运动员担任教练工作时，可评为三级教练员。

第六条 二级教练员：凡具备第三条要求，并具有下列条件的三级教练员，可晋升为二级教练员。

（一）三级教练员满三年以上，工作成绩显著；

（二）比较系统地掌握了本项运动的理论知识和技术，能较好地进行这一运动项目的教学训练工作，并有一定的体育理论知识。

第七条 一级教练员：凡具备第三条要求，并具有下列条件的二级教练员，可晋升为一级教练员。

（一）二级教练员满三年以上，工作成绩显著；

（二）系统地掌握了本项运动的理论和技术，具有较全面的体育理论知识，有比较丰富的教学训练的实际经验，能结合实际进行一定的科学研究工作；

（三）具有一定的文化素养，能运用一种外文阅读本项运动的外国专业书籍（对某些项目或有特殊原因的教练员，外文暂不作为必备条件）。

第八条 国家级教练员：凡具备第三条要求，并具有下列条件的一级教练员，可晋升为国家级教练员。

（一）一级教练员满五年以上，工作成绩卓著；

（二）精通本项运动的理论和技术，具有较高的体育理论知识，有丰富的教学训练的实际经验，有相当的科学研究能力，有本专业的科学著作，或有重大发明创造；

（三）具有较高的文化素养，能比较熟练地运用一种外文从事专业研究（对某些项目或有特殊原因的教练员，外文不作为必备条件）；

（四）能指导各级教练员的业务进修。

第九条 凡具备第三条要求，在政治上、业务上进步特别快，在教学训练中成绩特别显著，或有重大发明创造，或对国家有重大贡献的教练员、运动员，根据教练工作的需要，可以不受年限的限制，提前晋级或越级提升。

第四章 批准和撤销等级的权限

第十条 评定教练员等级，应贯彻群众路线，实行领导和群众相结合的原则。

（一）评定国家级和一级教练员，由教练员所在单位讨论通过，经当地该项运动协会（或相应的组织）研究评定，报省（自治区、市）体育运动委员会审核，转中华人民共和国体育运动委员会批准。

（二）评定二级教练员，由教练员所在单位讨论通过，经当地该项运动协会（或相应的组织）研究评定，报当地体育运动委员会审核，转省（自治区、市）体育运动委员会批准。

（三）评定三级教练员和助理教练员，由教练员所在单位讨论通过，经当地该项运动协会（或相应的组织）研究评定，报市、县体育运动委员会批准，并报省体育运动委员会备案。

（四）中国人民解放军除国家级和一级教练员须向中华人民共和国体育运动委员会申请批准外，其他各级可自行制订审批办法，报中华人民共和国体育运动委员会批准施行。

第十一条 教练员的晋级工作每年进行一次，由教练员所在单位根据教练员在实际工作中的表现和业务能力评定，按第十条规定，报请有关体育运动委员会批准。

第十二条 各级教练员如犯严重错误，需要降级或撤销等级时，须经原批准的一级体育运动委员会批准。

第五章 证 书

第十三条 二级、三级和助理教练员，由批准等级的体育运动委员会发给证书。国家级教练员和一级教练员，由中华人民共和国体育运动委员会发给证书。

第十四条 教练员晋级后，由批准新等级的体育运动委员会发给证书。

第六章　附　则

第十五条　本制度只适用于专门从事运动训练的教练人员。

第十六条　本制度的修改权和解释权属中华人民共和国体育运动委员会。

35. 中华人民共和国运动员等级制度

（1963年10月10日体育运动委员会公布　自1963年10月15日起施行）

第一章　总　则

第一条　为鼓舞广大运动员积极学习和锻炼，不断提高政治觉悟和技术水平，推动我国体育运动的开展，更好地为社会主义建设服务，特制定运动员等级制度。

第二章　等级称号和条件

第二条　运动员的等级称号分为五级：运动健将、一级运动员、二级运动员、三级运动员、少年级运动员。

第三条　运动健将是运动员最高等级称号，获得称号的条件：

一、中华人民共和国公民，生产（工作、学习）好，训练好，政治思想好，体育道德作风好；

二、达到本称号所要求的运动成绩。

第四条　一级、二级和三级运动员称号的条件：

一、中华人民共和国公民，生产（工作、学习）好，训练好，政治思想好，体育道德作风好；

二、达到等级称号所要求的运动成绩。

第五条　获得少年级运动员称号的条件：

一、十七周岁以下的少年，热爱劳动，学习积极，体育道德作风好；

二、达到本称号所要求的运动成绩；

三、少年级运动员运动成绩提高到其他等级标准时，应当授予相应的称号。

第六条 凡运动员有特别重大贡献者，如获世界冠军、创造世界纪录等，根据有关规定授予相应的荣誉称号。

第三章 项目和标准

第七条 凡是在我国正式开展的运动项目均实行运动员等级制度，由中华人民共和国体育运动委员会根据各项运动的开展情况分批公布等级标准，自标准公布之日起开始实行。

第八条 实行少年级运动员等级标准的运动项目，由中华人民共和国体育运动委员会公布的各种等级标准中具体规定。

第九条 各种运动项目的等级标准由中华人民共和国体育运动委员会制定，每四年修正公布一次，必要时随时修正。

第四章 授予等级称号的权限和程序

第十条 运动健将的称号，由中华人民共和国体育运动委员会批准授予。

第十一条 一级运动员的称号，由省、自治区、直辖市体育运动委员会批准授予。

第十二条 二、三级运动员和少年级运动员的称号，由市（直辖市的区级）、自治州、县体育运动委员会及体育学院批准授予。

第十三条 各级体育运动委员会可以将本章第十一条、第十二条所规定的批准授予等级称号的权限酌情下放至下一级体育运动委员会。

市、县体育运动委员会可以将三级和少年级称号委托条件较好的基层体育组织批准授予。

第十四条 为工作方便起见，在特殊情况下，各级体育运动委员会可以审批应由下级体育运动委员会审批的等级运动员。

第十五条 中国人民解放军除运动健将必须向国家体委申请批准授予外，一级以下运动员可自行制定审批办法报国家体委批准施行。

第十六条 各个系统和各级组织所举办的运动会，只要按照中华人民共和国体育运动委员会审定的运动竞赛规则执行，有等级裁判员主持裁判工作（除项目标准有特殊规定者外，运动健将的成绩必须由该项国家级裁判、一级运动员的成绩必须由该项一级以上裁判员、二级以下运动员的成绩必须由该项具有等级称号的裁判员主持裁判工作并签字证明），所取得的运动成绩，都可以申请授予运动员等级称号。

第十七条 凡达到等级标准的运动员，由本人向所属单位申请，逐级报请相应的体育运动委员会批准。申请批准运动员等级称号时，必须呈报正式申请文件和经过相应裁判签字的成绩证明单。申请期限自运动员达到该项成绩标准之日起，不得超过两个月。

第五章　证书和证章

第十八条 凡经批准授予等级称号的运动员，由批准机关发给等级证书和证章。

第十九条 运动员获得两个以上相同等级称号时，只发给等级证书一份、证章一枚；如获得两个以上不同称号时，应按较高的等级称号发给等级证书和证章。各个等级称号和成绩均应登记在证书内。

第二十条 运动员等级证书内运动成绩一栏填满后，由当地体育运动委员会另发等级证书。

第二十一条 运动员因运动成绩提高，达到运动健将标准，经批准后应换发等级证章、证书；达到其他各级标准，经批准后只发给新的证章，不换发证书。

第六章　权利和义务

第二十二条 权利：

一、领取等级证书和佩带等级证章；

二、投考体育院、校及体育系、科时有被录取的优先权；

三、有代表所在单位或地区参加运动会的优先权；

四、享有各级体育运动委员会和各地体育组织所规定的其他权利。

第二十三条 义务：

一、不断提高政治觉悟和业务、文化水平，努力生产、工作和学习，成为忠于祖国、热爱人民的社会主义积极建设者和保卫者；

二、不断地提高运动技术水平；

三、积极参加运动竞赛，经常地和毫无保留地传授体育运动知识和经验；

四、爱护等级证书和证章。

第七章 取消等级称号

第二十四条 获得等级称号的运动员，如犯严重错误，损害了运动员的荣誉，即取消其等级称号，收回其等级证书和证章。

第二十五条 取消等级运动员称号，由该运动员所属单位提出建议，经授予该等级称号的体育运动委员会批准。

第八章 附 则

第二十六条 运动员等级制度由中华人民共和国体育运动委员会公布施行，其解释权、修改权属中华人民共和国体育运动委员会。

36. 中华人民共和国裁判员等级制度

（1963年10月10日体育运动委员会公布　自1963年10月15日起施行）

第一章　总　则

第一条　为了鼓励裁判员积极学习，努力提高政治、业务水平，从而推动我国体育运动的开展，特制定裁判员等级制度。

第二章　等级称号和条件

第二条　等级称号：

一、国家级××运动裁判员，简称国家级裁判；

二、一级××运动裁判员，简称一级裁判；

三、二级××运动裁判员，简称二级裁判；

四、三级××运动裁判员，简称三级裁判。

第三条　各级裁判员条件：

各级裁判员必须是中华人民共和国公民，思想进步，工作积极，作风良好，并分别具备下列条件：

一、国家级裁判：

（一）有连续五年以上专项运动裁判工作的实际经验，有该项运动的全面裁判能力，并能在全国竞赛会中担任裁判长以上职务者；

（二）具有训练各级裁判员的教学能力。

二、一级裁判：

（一）有连续三年以上专项运动裁判工作的实际经验，并能在省级或相当省级竞赛会中担任裁判长以上职务者；

（二）具有训练三级裁判员的教学能力。

三、二级裁判：

有连续二年以上专项运动裁判工作的实际经验，并能在县、市（省辖市）级或相当县、市级竞赛会中担任裁判长职务者。

四、三级裁判：

在国家级或一级（必要时可在具有较高训练能力的二级）裁判主持的裁判训练班毕业，考试及格，或曾在等级裁判员主持的竞赛活动中担任过裁判员工作（球类项目须在十场以上，其他运动项目三——五次），实际证明，已经基本掌握并能正确执行该项运动规则。

各级裁判员如裁判经历不符规定年限而确有某级裁判工作能力者，也可授予相当的等级称号。

第三章　授予等级称号的权限和程序

第四条　批准授予等级称号的权限：

一、中华人民共和国体育运动委员会批准授予国家级裁判称号。

二、省、自治区体育运动委员会批准授予一级裁判称号。

三、直辖市体育运动委员会批准授予一、二、三级裁判称号；二、三级裁判称号也可由区体育运动委员会批准授予。

四、省辖市、专区、自治州体育运动委员会及体育学院批准授予二、三级裁判称号。

五、县体育运动委员会批准授予三级裁判称号。

六、各级体育运动委员会可以将本条二、三、四款所规定的批准授予等级称号的权限酌情下放至下一级体育运动委员会。

县、市体育运动委员会可以将三级裁判员称号委托条件较好的基层体育组织批准授予。

七、为工作方便起见，在特殊情况下，各级体育运动委员会可以审批应由下级体育运动委员会审批的等级裁判员。

八、中国人民解放军除国家级裁判须向国家体委申请批准授予外，其他各级裁判称号可自行制订审批办法报国家体委批准施行。

第五条　申请批准授予等级称号的程序，由本人自愿填写申请书，经所在基层单位及当地裁判委员会签注意见，由当地体育运动委员会初步审查，并逐级报请相应的体育运动委员会批准授予。

第四章　晋级和退出等级

第六条　各级体育运动委员会根据裁判员的工作表现及业务能力，定期或不定期地进行评定，认为可以晋级的，即报请应该授予该等级称号的体育运动委员会批准。

第七条　二年内无故不参加裁判工作的，即被认为自动退出等级，由所属体育运动委员会报请批准该裁判称号的体育运动委员会除名。

第五章　证章和证书

第八条　凡被批准授予等级称号的裁判员，由批准授予该称号的体育运动委员会发给证章、证书。

第九条　裁判员如获得两个以上（不同项目）相同的等级称号时，只发给证章一枚，证书一份；如获得两个以上不同等级称号时，按较高的等级称号发给等级证章和证书。其不同项目等级称号均须登记在证书内。

第六章　权利和义务

第十条　权利：

一、佩带等级证章；

二、享受各级体育运动委员会所规定的优待办法。

第十一条　义务：

一、努力钻研本项竞赛规则及裁判法；

二、不断提高政治、理论水平及思想觉悟；

三、积极参加裁判工作，不断地总结并交流经验，培养新生力量；

四、爱护等级证章、证书。

第七章　奖励和处分

第十二条　各级裁判员在裁判工作上确有显著成绩，由批准授予该等级称号的体育运动委员会给以奖励。

第十三条　犯有严重错误，损害裁判员荣誉者，由批准授予该等级称号的体育运动委员会给予降级或撤销其等级称号的处分，收回其等级证书和证章。

第八章　附　则

第十四条　裁判员迁移时，必须向当地体育运动委员会报告，并须于两个月内凭等级证书向新到地方的体育运动委员会登记。否则即被认为自动退出等级。

第十五条　裁判员等级制度由中华人民共和国体育运动委员会公布施行，其解释、修改权属中华人民共和国体育运动委员会。

37. 各项运动全国最高纪录审查及奖励制度

（1963年5月16日国务院批准
1963年5月30日体育运动委员会发布施行）

第一章　总　则

第一条　为鼓励运动员不断提高运动技术水平，创造新纪录，推动我国体育运动的发展，特制定本制度。

第二章　全国最高纪录

第二条　中华人民共和国体育运动委员会（以下简称国家体委）每年年初正式公布上年度各项运动的全国最高纪录（以下简称全国纪录），作为本年度创造新纪录的标准。

第三章　全国新纪录

第三条　凡国家体委，省、自治区、直辖市体委及中国人民解放军总政治部主办或认可的正式竞赛，严格执行国家体委审定的运动竞赛规则，有各该项运动的国家级裁判员执行裁判工作，运动成绩超过全国纪录的，都可以申请为全国新纪录。

如没有国家级裁判员执行裁判工作或该运动项目尚未实施裁判员等级制度，创造新纪录时，必须由举办该项竞赛的单位对场地、器材、气候、裁判水平和成绩的可靠性进行严格审查，并详细签署意见方可申请为全国新纪录。

射击和竞走的各个项目，必须在全国竞赛、国际竞赛或经过国家体委批准的正式竞赛中创造的成绩，方可申请为全国新纪录。

第四条 无论在同次或不同次竞赛中，如有两人以上超过全国纪录而成绩相等的，都可以申请为全国新纪录，经批准后成绩一并公布。

第五条 各项运动的预赛、次赛、复赛、决赛或及格赛、成绩相等的决定名次赛，田径、速滑、射箭的全能项目，举重的单项，游泳接力的第一程和长距离游泳中由正式出发开始的第一个短距离的单项，如成绩超过全国纪录的，都可以申请为全国新纪录。

第六条 运动员参加任何正式竞赛的成绩或所创造的新纪录，可同时作为该运动员所属省、自治区、直辖市的纪录。

第四章 申请全国新纪录的程序

第七条 新纪录应由主办竞赛的单位申请，按国家体委规定的表格详细填写，经当地体委或各系统全国一级的体育组织审查属实并签署意见，逐级报请国家体委审批。

新纪录的申请、审查和上级手续，须在该项竞赛结束后一个月内全部办完。在十二月中旬后成绩超过全国纪录的，审查和上报等手续必须在次年一月十五日前全部办完。

第五章 奖励办法

第八条 新纪录经批准后，对创造新纪录的运动员，由国家体委发给奖章。

第九条 运动员在同一次竞赛的同一项目上，如先后数次（如一百米的预赛、决赛、复赛、决赛）创造新纪录，只发给奖章一枚；如在不同项目上创造新纪录，则按不同项目分别发给奖章。

第十条 在田径、速滑、跳伞、射箭的全能和举重竞赛中，只要其中有一单项创造新纪录，即发给该运动员奖章一枚。

如在同一次竞赛中，有几个单项创造新纪录或总成绩已创造新纪录的，亦只发给奖章一枚。

第十一条 运动员在一年中连续创造新纪录时，除第一次发给奖章外，以后成绩逐次上升的，每次都发给奖章。如虽超过上一年度的全国纪录，但未超过本人在本年度内创造的新纪录，则不发给奖章。

第六章　少年全国纪录

第十二条　创造少年全国纪录的运动员，必须合乎运动员等级制度中关于少年级运动员年龄的规定。

第十三条　少年运动员创造的新纪录超过全国纪录的，也可以申请为全国新纪录。经批准后，除发给少年纪录奖章外，另发给全国纪录奖章。

第十四条　关于少年全国纪录的申请、审批、公布、奖励等，都按本制度的规定执行。

第七章　附　则

第十五条　本制度由国家体委解释。

第十六条　本制度经中华人民共和国国务院批准后，由国家体委发布施行。

科技行政法篇

1.保障发明权与专利权暂行条例

（1950年8月11日政务院第四十五次政务会议批准
1950年8月17日政务院财政经济委员会公布）

第一条 为鼓励国民对生产科学之研究，促进国家经济建设之发展，特制定本条例。

第二条 凡中华人民共和国国民，无论集体或个人，在生产上有所发明者，均应呈报中央主管机关审核并得依其自愿申请发明权或专利权。

第三条 本条例所称之发明系指在生产上创造新的生产方法，确能提高生产效能，或产制新的生产品，确能增加使用价值者。前项发明并以能直接在工业制造或农业生产中实现者为限。

医疗方法及与生产无直接关系的学术发明的保障办法另订之。

第四条 发明者申请发明权或专利权，经中央主管机关审定合格后发给发明证书或专利证书保障之。

前项所称中央主管机关为政务院财政经济委员会中央技术管理局。

第五条 根据本条例第三条之规定对于以化学方法获得之一切物质，不给予发明证书或专利证书，但对制造此种物质的新方法给予之。

第六条 发明权人，除其发明之采用与处理权属于国家外，享有下列各种权利：

（一）根据国家规定之奖励办法，领受奖金、奖章、奖状、勋章或荣誉学位；其办法另定之；

（二）得将发明权作为遗产，继承此项遗产者，得领取奖金；

（三）根据发明人之要求，经过中央主管机关批准后，得于发明物上冠以本人姓名或其他特殊名称。

第七条 专利权人享有下列各种权利：

（一）得以自己资本或招股经营企业，运用其发明，从事生产；

（二）将专利权转让他人或对任何机关与个人，发给采用发明许可证，取得报酬，其条件由专利权人与采用人以契约规定之；

（三）非得专利权人许可，他人不得采用其发明；违犯者应依法赔偿专利权人之损失；

（四）得将专利权作为遗产，继承此项遗产者，享有同样权利；

（五）在专利期限内，专利权人（包括其继承人下同）如未转让其权利，亦未发出采用发明许可证，得申请中央主管机关核准将专利权改为发明权。

第八条 发明有下列情形之一者仅给予发明证书，不给予专利证书：

（一）有关国防机密、军事技术或军事制造工业之发明；

（二）关系大多数人民福利有迅速推广之必要者，如医药品及农牧业品种等之发明；

（三）发明者在国家工厂、矿场、科学研究所、技术局、实验室或其他研究机关工作并在其本身职务范围内所完成的发明；

（四）发明者受国家机关、企业、社会团体委托并领取报酬所完成的发明。

第九条 发明权与专利权之有效期限为三年至十五年，由中央主管机关在发给证书中确定之。

第十条 专利权人应遵守下列规定：

（一）专利权为共有时，非得各共有人同意，不得单独行使；

（二）专利权之转让与采用发明许可证之发给，必须报经中央主管机关批准。

第十一条 专利权人有下列情形之一者，得撤销其权利，追缴其专利证书：

（一）专利期限内，未经核准私售专利权于国外者；

（二）领取专利证书已满二年，未经呈准延期，而不行使其专利权实行制造者；

（三）专利期限内无故停止制造满二年，未经报请核准者。

第十二条 有下列情形之一者应负赔偿责任及刑事责任：

（一）有本条例第十一条第一款之情事者；

（二）未经中央主管机关核准将发明公布于国外者；

（三）经中央主管机关指定为不公布之发明，发明者本人或他人泄露此项发明秘密者；

（四）剽窃他人之发明，或在发明未公布前泄露他人之秘密者；

（五）擅自使用属于国家采用与处理之发明权者。

第十三条 在发明者提出申请以前，已采用该发明或已作采用之一切必要准备者，有继续采用或优先采用该发明之权。

第十四条 已给予专利证书的发明，中央主管机关如认为有归国家采用与处理之必要时，得与专利权人协商，请其让与专利权，协商不能获致协议时，政务院得作最后决定，改给专利权人以发明权，并规定发给奖金数额。

第十五条 发明者应积极协助其发明之实施及继续改进的工作。

第十六条 申请发明权者，如该项发明不为政府所采用，得再行申请专利权，或径由中央主管机关给予专利权。

已发给发明证书的发明，如政府不需采用，得由中央主管机关改给专利证书。

第十七条 凡中华人民共和国国民从事科学技术研究，已有具体计划和图样经中央主管机关审查认为确有价值并有成功希望者，得指定有关企业或研究实验机关给与研究实验之方便，并酌量予以物质的补助。

第十八条 居住中国之外国人得依据本条例申请发明权或专利权。

第十九条 申请发明权、专利权及其处理程序如下：

（一）由发明者填具申请书，附详细计划、图样、说明书及其他足以充分证明其成效之资料，向中央主管机关申请。中央主管机关应于收到申请书十日内对申请人为接受申请之通知，除特殊发明须经较长时期研究审查者外，并应于三个月内审查完毕通知申请人。

（二）中央主管机关认为资料不足时，得向发明者要求补充其资料，所有审查的资料，应予保守秘密。

（三）审查合格后，由中央主管机关公告，自公告之日起三个月内无人提出异议时，即为审查确定。但有关军事秘密的发明，不予公告。

（四）审查确定后，即发给发明证书或专利证书；发明权或专利权期限由发给证书之日起计算。

（五）审查不合格时，中央主管机关应发给申请人审查书，详细说明理由；申请人有权要求了解据以作出审查结论的一切资料。

（六）经审查不合格者，得于审查书送达之四十五日内，详申理由，报请再审查，如对再审查的决定仍有不服，得于九十日内，依法提起诉讼。

第二十条　发明证书及专利证书之期满失效或因其他原因撤销时，由中央主管机关公告之。

第二十一条　两人以上共同作成之发明，其发明权或专利权为共有；共有权之分配比例，由共有人协议定之。如不得协议时，得提供各个人对该项发明所贡献之材料，报请中央主管机关裁定之。

第二十二条　本条例由政务院财政经济委员会报经中央人民政府政务院批准公布实行。其施行细则由政务院财政经济委员会另定之。

2. 中国科学院扶助国内各重要专门学会研究会等刊行科学期刊办法

（1950年4月27日政务院文化教育委员会第七次委务会议通过）

本院为扶助国内各重要专门学会或研究会等刊行科学期刊之规定，旨在使各学会不但能保持原有的学术水准，且能提高，并使其能配合当前需要，对经济建设工作有所尽力。自本院成立后，即会着手各学会情况之了解。兹就了解所及，拟定有关此项工作办法如下：

（一）本院所拟扶助的专门学会或研究会，原则上系指已有相当历史且经本院认为合格者。其新成立之学会，如有合乎标准的刊物出版，亦可予以考虑。

（二）本院所拟扶助之各专门学会、或研究会刊物，内容以具下列性质为限：（1）有创造性及发明性的研究论著；（2）对各门科学作适当记述，有助于该项科学新知之增加者；（3）有关学术水准提高与文化思潮推进之指导性论著。至其他一般的与普及性的科学论著，与会务性之刊物等，不在考虑之列。

（三）各学会或专门学会刊物，应以用中文写述为原则。特别有国际性之论文，有用外文发表之必要者，除用中文在原刊发表外，可另汇集成一外文同性质刊物出版。

历史颇长，具有国际地位之外文刊物，如不能立即改成全用中文，须于外文论文前加较详之中文摘要。并须逐渐改成以中文为主。版式得仍旧。

（四）各学会或研究会刊物之版式，应注意以下数点：（1）集刊性刊物以十六开，专刊性以八开或十六开为原则；（2）封面一律用中文，其外文刊物必须附中文名称。

（五） 本院对各会刊物之补助，以实际印刷费用为限，其准备阶段所需之费用，如编辑、绘图等，不在补助之列。

（六） 各专门学会或研究会愿将刊物交本院出版者，事先须与本院协商决定该刊编辑负责人及其出版计划。刊物编印时，该会应负有编辑与校对之责任。

（七） 各专门学会或研究会愿自行出版刊物而欲得本院补助者，须将各该会成立历史、经济状况、该会当年度负责人名单，主编人姓名学历职务及该刊出版宗旨等，详为开列，具报本院，本院审核后，即正式通知该会。对其稿件本院有审核权。该会对该刊每期须有一详细预算，如拟印页数及图版插图数目，并附有以小米为单位之价格估计，经本院核准后按期发付补助数额。年度终了前1月内，各学会或研究会应将实际印刷费用及出版情形，向本院报告，以供稽核。刊物封面须标明“中国科学院印”。

（八） 凡交本院出版之刊物，发行交换由本院办理，各该学会得提供交换及赠送单位名单。关于各学会自行出版之刊物发行交换等，亦得提请本院办理，其愿自理者，本院得提供对交换赠送之意见，并须将所出刊物送本院三十份存查。

（九） 凡专门学会以外之半专门性的或本院认为有予以补助必要的科学刊物，亦得照前述原则及手续予以补助，但以不超过实际印刷费用40%为原则。

补充说明

（一） 对于各专门学会或研究会出版期刊扶助的标准，以各会所出刊物的内容为主要尺度。凡成立已久的学会研究会，请将最近三年的刊物寄院，其三年之内新成立者，请将刊物全部或拟出的刊物之第一期稿件全部寄院，以凭审核。

（二） 凡会讯之类的刊物，往往附有专门学术的著述，专门性的期刊亦往往有会务性的记载，希望自动地划分清楚，勿使混杂。

（三）所谓国际性的论文。系指（1）学术上有深入的探讨；（2）一题目可影响世界对该问题的变更或新知者。例如某一矿产的调查报告，不应视为国际性，但某一种矿物晶体的发见，则可视为具有国际性；又如一地植物或森林的调查，不能视为具有国际的，但一新种的发现，则可视为具有国际性。外文的中文摘要，至少要做到论文前一段的节要（Abstract）。能具体说明该文之内容重要性。

（四）八开本应只限于另有图版必须扩大版面者，一般仍以十六开为原则。

（五）关于准备阶段的费用，如有必要时可另案向本院申请之。

（六）出版计划以当年度为限，但明年的计划，盼能于今年十一月前提出，以便避免脱期的现象。各学会研究会等的申请文件，应送致本院，勿直接寄本院编译局。

申请书除填报刊物编辑人外，希将会务的负责人全部名单一并注明。向本院申请时，由总会负责人或指派一代表正式负责接洽，如以分会名义向本院申请者，事先须取得总会的正式委托文件。

（七）凡一九五〇年以前出版的刊物，不在补助之列。各会如有一九四九年未出齐的刊物，如有必要，应由各会自行设法补齐。

（八）各会经扶助后所交换得来的刊物，由各会自行保存，或捐存本院，可经协商后决定之。

（九）所谓半专门性的刊物，系指一般性的刊物中亦有创造性论文者，其实际印刷费用，由该会提出，经本院核定后，照规定办理之。

3. 有关生产的发明、技术改进及合理化建议的奖励暂行条例

（1954年5月6日政务院第二百一十五次政务会议通过
1954年8月27日公布）

第一章　总　则

第一条　为了鼓励一切国营、公私合营、合作社经营及私营企业中的工人、工程技术人员和职员以及一切从事有关生产的科学与技术研究工作者的积极性和创造性，使他们充分发挥自己的知识、经验和智慧，致力于发明、技术改进、合理化建议的工作，以促进国民经济之发展，特根据中央人民政府政务院《关于奖励有关生产的发明、技术改进及合理化建议的决定》制定本条例。

第二条　中华人民共和国公民及外国侨民，提供有关生产的发明、技术改进、合理化建议经采用者均依本条例奖励之。

第三条　凡依据《保障发明权与专利权暂行条例》之规定取得发明证书者，按本条例发给发明奖金。

第四条　凡对企业中现有机器设备结构或生产技术过程有重大改进的建议，经采用后按本条例发给技术改进奖金。

第五条　凡能更有效地利用现有机器设备、原料、材料或劳动力的生产技术性的建议，如：更有效地利用现有机器设备、工具或能延长其使用年限，节省原料、材料、燃料、电力或利用废料，改进操作方法与改善劳动组织，减低废品率等，经采用后按本条例发给合理化建议奖金。

第六条　各经济主管部门及各企业的预算中应列有备付发明、

技术改进、合理化建议的奖金、研究费及试验费等项目。

第二章　奖励的标准和期限

第七条　发明、技术改进、合理化建议的奖金数额，按采用后十二个月内所节约的价值计算，根据下表比例发给之。

十二个月所节约的价值	发明		技术改进		合理化建议	
	提奖金百分比	附加数	提奖金百分比	附加数	提奖金百分比	附加数
不满一百万元	30%	无	20%	无	10%	无
满一百万元不满二百万元	15%	十五万元	10%	十万元	5%	五万元
满二百万元不满五百万元	12%	二十一万元	7%	十六万元	3.5%	八万元
满五百万元不满一千万元	10%	三十一万元	4%	三十一万元	2%	十五万五千元
满一千万元不满五千万元	6%	七十一万元	2.5%	四十六万元	1.25%	二十三万元
满五千万元不满一亿元	5%	一百二十一万元	2%	七十一万元	1%	三十五万五千元
满一亿元不满五亿元	4%	二百二十一万元	1.5%	一百二十一万元	0.75%	六十万五千元
满五亿元不满十亿元	3%	七百二十一万元	1%	三百七十一万元	0.5%	一百八十五万五千元
十亿元以上	2%	一千七百二十一万元	0.5%	八百七十一万元	0.25%	四百三十五万五千元

发明奖金每年最高额不得超过五亿元，最低额不得少于二十万元；技术改进奖金最高额不得超过二亿元，最低额不得少于十万元；合理化建议奖金最高额不得超过一亿元，最低额不得少于五万元。

第八条 发明奖金按第七条规定的标准奖励三年到五年，每年计算一次；技术改进及合理化建议奖励期限均为一年，奖金一次计算。

第九条 凡能解决重大技术问题或开辟新的生产部门的发明，或创制新型的各种贵重材料代用品，在经济上或国防上有特殊贡献者，其奖金数额可不受第七条规定的限制，由主管部门报请政务院核定。

第十条 凡属发明，不问其与本身职责有无直接关联，经采用后均按本条例奖励。

第十一条 凡工程师、技师、工长、工人、科学与技术研究人员、技术员等，所提出的与本身职责虽有直接关联而具有独创性、带有技术创造因素的技术改进或合理化建议经采用后按本条例奖励。

厂长、总工程师、总技师、车间主任、科室负责人等，所提出的与本身职责虽有直接关联而具有独创性的技术改进的建议，经采用后按本条例奖励。厂长、副厂长的奖金由上级机关决定之。

第十二条 在未取得发明证书以前已被采用的发明，暂按技术改进奖励，待发明证书颁发后，即改按发明奖励，并补发奖金。凡一时不能确定为技术改进者，暂按合理化建议奖励，待确定为技术改进后，即改按技术改进奖励，并补发奖金。

第十三条 若采用建议后，技术定额和计件工资单价有所变更，则采用建议的企业在采用建议的同时，得实行新定额和新的计件工资单价。

第十四条 有关改善劳动条件、技术安全、管理制度或提高产品质量等建议，由采用此建议的企业根据建议的实际效果斟酌给以奖金。其奖金由企业奖励基金项下开支。

第十五条 凡已被采用的发明、技术改进、合理化建议或其他重大建议除发给奖金外，并得按其对生产作用的大小给予通报表扬，发给奖章、奖状或其他荣誉奖励。

第三章　对协助他人实现发明、技术改进、合理化建议的奖励

第十六条　对发明、技术改进、合理化建议人在提出建议过程中给以协助的工人、工程技术人员或职员，应根据每一季度在生产中采用的各项建议给以奖励。

第十七条　协助他人实现发明、技术改进、合理化建议的奖金总额为建议人所得奖金总额的百分之二十五。此项奖金不得从建议人奖金中支付。

第十八条　协助他人实现发明、技术改进、合理化建议的奖金分配，由企业主管人按每一协助人员在每一季度实现建议中所表现的主动性和努力程度以及分配给他们的工作任务完成情况分配奖金，其个人所得奖金最高不超过本人两个月的实得工资。

第四章　奖金的计算和支付办法

第十九条　发明、技术改进、合理化建议的节约价值，根据在工业企业中采用后十二个月内的实施结果计算。

由于发明所造成的节约价值，若在采用后的几年中超过第一年，应根据每年实际效果计算之。

第二十条　采用期在一年以下的建议，其节约价值按实际采用的时间计算：季节性生产的企业中，节约价值按季节期计算；仅与一次临时定货有关的建议，其节约价值按该批定货的计划计算；属于修复一件或数件机械设备者，其节约价值按实际修复件数计算。

第二十一条　凡发明、技术改进、合理化建议实施过程中，对本部门或对其他生产部门所增加的开支，均应在节约价值中扣除。但与研究建议有关的各项开支（如图样、模型、试验等费用）则不予扣除。

第二十二条　凡降低产品成本的建议，其节约价值为采用建议前后计划成本的差额。建议前后的计划成本中所消耗原材料等一律按同一价格计算。

第二十三条 凡提高设备利用率、提高机器效能、改变机器设备修理方法等建议，其节约价值为采用建议前的年度的生产费预算与采用建议后编制的新预算的差额。

第二十四条 凡减少或消除废品的建议，其年节约价值，根据采用建议之前六个月中废品所造成的损失数字来确定。应统计的废品，仅指那些在采用建议后消除的废品。

第二十五条 凡可以减低某一建筑工程费用的建议，其年节约价值应按该建议实行后所降低费用总额的百分之二十计算。

第二十六条 节约价值的计算，从采用发明、技术改进、合理化建议的计划被批准之日起，在三十天内进行之。并于计算后发给建议者一份关于采用建议的通知书和一份由于采用建议而造成的节约价值与应得奖金的计算书。

第二十七条 发明、技术改进、合理化建议的奖金分期支付：不满三百万元者，其奖金在三个月内发给；三百万元以上者三个月内发奖金的百分之二十五，满六个月再发奖金的百分之二十五，其余百分之五十则在采用建议满十二个月以后的两个月内发给。

第二十八条 集体的发明、技术改进、合理化建议奖金之支付办法如下：

甲、由若干人共同完成的发明、技术改进、合理化建议，其奖金分配办法由参加建议的全体人员共同决定之。

乙、如某一发明、技术改进、合理化建议起初未被采用，在有了补充建议之后始被采用者，若补充建议为另一人提出，两人之间奖金的分配应根据各个人建议的作用大小确定之。

第二十九条 凡发明、技术改进、合理化建议，仅在一个企业内采用，奖金不满三百万元者，由本企业算定发给，奖金在三百万元以上者经上级机关审核批准后发给；为某一经济部门管理局所属各企业或一个以上企业共同采用者，奖金由管理局算定发给；为某一经济部门所属各局的若干企业共同采用者，奖金由部算定发给；采用及于全国范围者，奖金由采用建议的各部门算定，报由政务院财经委员会核定拨付。

第三十条 凡经各级主管机关审定认为有重大意义的有关发明、技术改进、合理化建议的研究试验计划，得拨给研究、试验费，视费用多少分别由各级主管机关决定支付，由技术部门领取并协助原建议人进行研究、试验。（上述费用系指用于图样、模型、样品以及进行试验时所必需的其他费用）

第五章 附 则

第三十一条 对不根据本条例执行的企业或机关，发明、技术改进、合理化建议者本人及工会组织均有权向上级机关提出意见，该上级机关必须及时处理。

第三十二条 各产业部门得根据政务院“关于奖励有关生产的发明、技术改进及合理化建议的决定”（二）（三）（四）各项的规定，参照《保障发明权与专利权暂行条例》第四条、第十九条的规定，并按本条例制订具体实施细则。

第三十三条 本条例经中央人民政府政务院批准颁布实施。

4. 中华全国总工会对《有关生产的发明、技术改进及合理化建议的奖励暂行条例》若干问题的说明

《有关生产的发明、技术改进及合理化建议的奖励暂行条例》系根据一九五〇年八月政务院发布的“关于奖励有关生产的发明、技术改进及合理化建议的决定”，参考一九四二年十一月苏联人民委员会批准的“关于奖励发明、技术改进及合理化建议的指示”，并吸取几年来各地区各产业在开展合理化建议工作中的实际经验而拟定的。兹对条例草案中若干较大问题作如下说明。

一、关于发明、技术改进及合理化建议的界说问题

根据一九五〇年政务院财政经济委员会公布的《保障发明权与专利权暂行条例》第三条关于发明界说的规定，凡创造新的生产工具、机器或创制新的生产品或研究出制造化学物品的工业方法等，均称之为发明。应该着重指出，所谓发明，必须以能在工业制造中实现者为限。例如只是发现某种化学物品，还不能发给发明证书；可是如果创造出制造这种化学物品的工业方法时，就给予发明权，取得发明证书，经采用后按奖励条例领取奖金。

技术改进、合理化建议的界说在本条例第四、五两条中已作了明确的规定，但在实际执行中，划分与确定技术改进或合理化建议的困难是存在的。划分与确定技术改进或合理化建议的标志，主要是根据新的建议对现有机器设备结构或生产技术过程的改变程度如何，以及建议者所发挥的创造性如何。例如天津仁立毛呢纺织厂葛凤山建议将织机面加宽，使呢料阔度增加，这是对机器设备结构作了重大改进，因此应该算技术改进。再如，为了解决高速切削时铁

屑过长的问题，有人提出在车床刀架上装一个简单断屑装置的建议，这样的建议只能算合理化建议，因为这个建议虽然改进了技术安全，便于更有效地利用机器，但对机床结构和生产技术过程并没有改变。

生产技术过程的改进系指使劳动对象发生形状、大小、性能或位置变化的加工过程的改进。例如多刀多刃、高速切削、合并几个作业为一个作业等建议，均属对生产技术过程有重大改进。

本条例第五条规定合理化建议必须是生产技术性的建议，至于非生产技术性的建议，如改善生活居住条件的建议，不得称为合理化建议。凡合理化建议必须有具体改进办法，并对增加产量、提高质量或降低成本有显著成效者，一般的“提意见”不能算合理化建议。

现行奖励办法中有规定对于缺乏的物质在国内首先仿造成功，称为技术改进或合理化建议，这是不恰当的；因为仿造只是把其他国家或别处的制造方法搬过来运用，并没有发挥独创性。同样，凡将苏联和人民民主国家的先进经验、国内其他单位的先进经验或本单位以往实行过的办法，建议本单位推行，均不能称为合理化建议。但为了鼓励上述各项倡议者的积极性，以利于改进生产，亦可酌予奖励，其奖金不得按发明、技术改进、合理化建议的奖励办法发给，可由企业奖励基金项下开支。

二、关于奖励标准问题

发明、技术改进、合理化建议的奖励标准系根据其在生产中的作用大小来规定的。

为了增加国家的资金积累，并考虑到对节约价值大的建议，国家付出该项建议所需的研究、试验等费用亦较大，而节约价值的大小还决定于建议推广范围的大小，所以提奖励金的百分比是递减的；同时因为规定了与提奖励金百分比相应的附加数，使建议者所得奖金的绝对数仍然随着节约价值的增多而递增，建议所造成的节约价值愈大，则建议者所得奖金就愈多。

本条例第七条关于奖金最高额的规定，不问采用范围的扩大和节约价值的增多，发明奖金每年最高额不得超过五亿元，技术改进奖金最高额不得超过二亿元，合理化建议奖金最高额不得超过一亿元。

三、对与本身职责范围有直接关联的技术改进及合理化建议的奖励问题

凡属发明，不问其与本身职责有无直接关联，均按奖励条例给以奖励（见第十条），但技术改进、合理化建议如与本身职责有直接关联，则必须具有独创性，并带有技术创造因素。这样规定，是为了鼓励全体职工在工作中发挥高度的创造性，推动群众性的发明、技术改进、合理化建议的开展。

工程技术人员和管理人员的职责，主要是最有效地组织与计划生产，保证全面地完成与超额完成国家计划的各项指标，在这个范围内提出的建议，一般不能算技术改进或合理化建议。例如某厂机床安排非常零乱，总工程师建议安排整齐，这是他应尽的职责，不应给以奖励；又如某设计师设计一项工程，他的任务就在于使这项工程既坚固耐用，又能节省原材料，在他任务范围内所提出的建议，也不给予奖励。但是，当工程技术人员和管理人员所提出与本身职责虽有直接关联而具有独创性，并带有技术创造因素的技术改进或合理化建议，经采用后则应按条例给以奖励。例如国营天津第六棉纺织厂工程师王家祥、技师李宪梁和技术工人艾文钦等共同创造了纤维杂质分离机，能有效地分清落棉中的杂质、短纤维和有效纤维，因而既能提高产品质量，又能降低成本，这就是具有独创性的建议，就应按条例给予奖励。

工人的职责主要是合理地组织工作地点、充分地利用工时、保证质量、完成与超额完成生产任务，在这些职责范围之内所提出的建议（如提出交班时保持工作地点整洁的办法）一般不应按合理化建议给以奖励。但是工人所提出的技术改进或创造性的合理化建议，经采用后则应按条例给以奖励。

总之，对工人、工程技术人员和管理人员所提出的与本身职责

有直接关联的建议，应该根据实际情况，具体分析研究，慎重处理，不能简单从事。

四、对协助他人实现发明、技术改进、合理化建议的奖励问题

本条例第三章对协助他人实现发明、技术改进、合理化建议的奖励有了专门规定，其意义在于鼓励所有职工，特别是企业领导人员和工程技术人员大力支持与积极帮助建议者，使建议得以更完善或早日实现。对积极协助他人实现建议的工人、工程技术人员和管理人员给予适当的奖励是完全必要的。

五、关于奖励期限和奖金计算问题

本条例第七条规定，发明、技术改进、合理化建议的奖金数额，按采用后十二个月内所节约的价值计算，如采用的范围扩大，节约价值同样按原建议企业所采用的期限计算。如某一建议，原建议企业（甲厂）从一九五四年二月开始采用，另一企业（乙厂）从同年六月开始采用，则一律计算到一九五五年一月；即甲厂从一九五四年二月计算到次年一月，乙厂从一九五四年六月计算到次年一月，余此类推，逾期不予计算。发明的采用范围扩大，亦同上述办法计算三年到五年。

关于奖金的计算问题，本条例第四章已有详细规定，仅对第二十五条加以说明。该条所指建筑工程费用系指整个工程费用而言。如某一建筑工程费用计划为六百亿元，工程使用年限为三十年，则每年工程的折旧费为二十亿元；但由于采用了某项建议，在保证不降低原定质量标准的条件下，使整个工程费用减低了三十亿元，即按三十亿元的百分之二十作为年节约价值，再根据第七条所规定的比例计算建议者应得的奖金。另一种情况，如前项工程由于采用某项建议，使工程使用年限延长了十年，工程费用不变，则每年的工程折旧费由二十亿元降至十五亿元，亦即每年节约了五亿元，共节约二百亿元，然后按二百亿元的百分之二十作为年节约价值，再根

据第七条规定的比例计算建议者应得的奖金。其所以这样规定，是因为整个建筑工程费用中材料费占很大比重，为使奖金与实际节约情况相符合，如果按节约价值总额计算，就可能造成人为的增加奖金。至于在建筑过程中因采用建议而造成的某项费用的节约价值，则按全部节约价值计算奖金。

六、关于奖金的预算问题

本条例第六条规定各经济主管部门及各企业的预算中应列有备付发明、技术改进、合理化建议的奖金、研究费及试验费等项目。此项预算可根据各单位上年度支出的奖金数额加上本年度预计可能增加的百分比来确定。此项预算的使用范围是：奖励发明、技术改进、合理化建议者的奖金；支付建议所需的研究、试验、图样及制造模型等费用；以及奖励协助实现发明、技术改进、合理化建议的奖金等。

5.国务院对执行"有关生产的发明、技术改进及合理化建议的奖励暂行条例"若干问题的解释

（1955年2月18日）

一、关于本条例的实行日期问题

本条例从1954年8月28日政务院发布之日起实行。

二、关于本条例适用的部门问题

凡有关生产的发明、技术改进和合理化建议适用于下列部门之一的，经采用后都按照本条例给以奖励。适用的部门是指：工业、建筑业、交通运输业、国营农场（发现新的农牧业品种不包括在内）、国营拖拉机站、森林工业、水利工程、地质勘探（发现新矿藏不包括在内）、邮电业以及机关、团体、企业、合作社等部门所属的生产单位。

凡适用于上述部门或其他部门的非生产技术性的建议，不适用本条例。但为了鼓励建议人的积极性，以利于改进工作，提高工作效率，采用建议的单位可根据建议的意义酌情给予物质奖励或荣誉奖励。

三、关于我国公民及外国侨民提出的生产技术性的建议由何机关审查和采用建议后的奖励问题

在企业中工作的我国公民及外国侨民所提出的有关生产技术性的建议，由本企业的专管机构审查。不在企业中工作的我国公民及外国侨民所提出的有关生产技术性的重大建议，可以由中央技术管理机关审查；有关生产技术性的一般建议，可以由各级人民委员会的主管生产部门或者中央产业部门的专管机关审查；只适用于某一企业的有关生产技术性的建议，可以由该企业审查。

我国公民和外国侨民提出的有关生产技术性的建议，经采用后按照本条例第二十九条规定核发奖金。

四、关于刑事犯和受行政处分的公民提出的建议的奖励问题

本条例不适用于反革命犯和其他刑事犯所提出的有关生产技术性的建议。对于劳动改造中的犯人提出的有关生产技术性的建议，应按1954年9月政务院颁布的“中华人民共和国劳动改造条例”第七章奖惩的规定办理；对于不在关押中的反革命犯和其他刑事犯所提出的有关生产技术性的建议，应当由采用建议的单位商同公安、司法机关，分别情况参照“管制反革命分子暂行办法”第八条和“中华人民共和国劳动改造条例”第七章的规定办理。

受行政处分（如降级、记过、警告等）的公民提出的有关生产技术性的建议，经采用后仍按本条例奖励。

五、关于本条例发布以前所采用的生产技术性的建议是否重新按照本条例核发奖金的问题

凡在本条例发布以前所采用的生产技术性的建议，一律不算旧账，多奖者不退，少奖者不补。但有下列一种情况的，可以仍按照本条例办理：

（一）过去提出的有关生产技术性的建议，在本条例发布以后采用实施的；

（二）本条例发布以前采用的较大的生产技术性的建议，支付奖金的期限未满的，对尚未支付部分，按本条例计发奖金。

六、关于奖金最低额问题

本条例第七条中关于奖金最低额的规定，是指：发明的每年节约价值不满六十六万七千元，按照30%提奖不到二十万元的，仍发给二十万元奖金；技术改进的节约价值不满五十万元，按照20%提奖不到十万元的，仍发给十万元奖金；合理化建议的节约价值不满五十万元，按照10%提奖不到五万元的，仍发给五万元奖金。

但属于难以计算节约价值的有关生产技术性的建议，可以按照本条例第十四条的规定办理。

七、关于附加数问题

本条例第七条中关于附加数的规定，它的意义在于使附加数与递减的提奖百分比相适应，使建议人所得奖金的绝对数仍然随着节约价值的增多而递增，因此建议所造成的节约价值愈大，则建议人所得奖金就愈多。

计算奖金的方法是：建议的节约价值乘以提奖百分数，加上附加数。例如，某项发明的节约价值为二百万元，将二百万元乘以12%，得出二十四万元，再加上附加数二十一万元，则该项发明应得的奖金为四十五万元。

八、因采用建议而实行新定额和新的计件工资单价，建议人本人（或工组）是否同样实行的问题

因采用建议而实行新定额和新的计件工资单价的时候，建议人本人（或工组）应同样实行新定额和新的计件工资单价，因为建议人提出建议后已按照规定领取了奖金。

各产业、企业现行的计件工资条例或者计件工资规程中有关这一问题的规定如同本条例第十三条的规定有抵触的应予废除。

九、对协助他人实现发明、技术改进及合理化建议的奖励问题

根据本条例第三章的规定，凡对建议人在提出建议过程中给以协助的人员，应按季度给以奖励。所有协助人员的奖金总额（协助人员的奖金和建议人奖金同一来源，不得从建议人奖金中支付）为该季度内采用的各项建议按照十二个月节约价值计算出的奖金总额的25%，而每个协助人员所得奖金的最高额，则不得超过本人两个月的实际工资。对协助人员的奖金分配，由企业主管人按照每一协助人员在每一季度实现建议中所表现的主动性和努力程度，以及分配给他们的工作任务完成情况来分配。

十、他国或本国已有的发明、技术改进或合理化建议，未经专家建议和刊物介绍，而为建议人创造成功，是否按照本条例给予奖励的问题

对他国或本国已有的发明、技术改进或合理化建议，我们应该

大力推广到生产中去，以便为国家创造更多的财富，同时推广了建议以后，可以避免花费精力再去创造已有的生产技术性的建议。他国已有的发明，未经专家建议和刊物介绍或虽知其名而不知其内容，为建议人本人精心研究创造成功，此项发明经采用后按照本条例给以奖励。但本国已有的发明，如果后来又为另一建议人创造成功，则后来提出的这个同样的生产技术性的建议不算发明。因为发明是指创造新的更为完善的结构或工艺技术过程的建议。如果他国或本国已有的技术改进或合理化建议，而领导未加推广，确为建议人本人精心研究创造成功，此项技术改进或合理化建议，经采用后亦按照本条例给予奖励。

十一、已采用的生产技术性的建议因某种原因不能继续采用，奖金如何算法

已采用的生产技术性的建议，如因某种原因不能继续采用时，奖金应根据该项建议在生产中实际采用的时间按照本条例第七条的规定计算发给。如前项建议在奖励期限内（发明的奖励期限为三年到五年，技术改进及合理化建议的奖励期限为一年）后来继续采用时，奖金则根据该项建议后来在生产中实际采用的时间，按照本条例第七条的规定计算发给。

十二、某建议人提出的生产技术性的建议经采用后，另一建议人又在前人建议的基础上提出新的生产技术性的建议，这样是否给以奖励

某建议人提出的生产技术性的建议经采用后，另一建议人又在前人建议的基础上提出新的生产技术性的建议，经采用后按照本条例给以奖励，因为此项新的生产技术性的建议在生产中产生了新的节约价值。例如，在前人提出改进窑炉容量建议的基础上，有人提出把同样体积的坯件重新排列一下的建议，此项建议经采用后使原有窑炉的容量增加了10%，奖金则按照此项建议所创造的节约价值核发。

十三、对未研究成功的建议能否给予帮助的问题

根据“保障发明权与专利权暂行条例”第十七条的规定，凡已有具体计划和图样，经中央主管机关审查认为确有价值并有成功希望的生产技术性的建议，可以指定有关企业或研究实验机关给予研究实验之方便，并酌量予以物质补助。如果只提出某种化合物的综合反应方程式，这是理论的综合方法，而促成反应完成的条件，如触媒、温度、压力和装置等尚待研究试验，对这种建议暂时还不能给予帮助。

6. 中国科学院科学奖金暂行条例

（1955年8月5日国务院全体会议第十七次会议通过
1955年8月31日国务院发布）

第一条　为了鼓励科学研究工作者的积极性与创造性，促进我国科学事业的发展以服务于国家建设，中国科学院设立中国科学院科学奖金。

第二条　凡中华人民共和国公民的科学研究工作或科学著作，在学术上有重大成就或对国民经济、文化发展上具有重大意义的，不论属于个人或集体的，均可按照本条例的规定授予中国科学院科学奖金。

第三条　中国科学院科学奖金分为三等：

一等奖　奖金一万元，荣誉证书及金质奖章；

二等奖　奖金五千元，荣誉证书及银质金边奖章；

三等奖　奖金二千元，荣誉证书及银质奖章。

第四条　中国科学院科学奖金，每两年颁发一次，对奖金获得者授予中国科学院科学奖金获得者（一、二、三等）的荣誉称号，奖金获得者可在右胸前佩带奖章。

对集体工作得奖的，荣誉称号与奖章仅授予在该项工作中有创造性贡献的科学工作者。集体奖金的分配，由得奖人和得奖人所属机构提出办法，经中国科学院批准。

奖励名额、奖金颁发日期及推荐日期，由中国科学院统一公布。

第五条　中国科学院各学部、各研究所、国内各科学研究机关、高等学校以及国务院各部、各委员会、各直属机构，均可按照本条例的规定，对全国已完成的重要科学研究工作和科学著作负责推荐。

科学工作者个人亦可按工作系统向上述机构请求推荐。

第六条 负责推荐的机关、学校，应将被推荐的科学研究工作报告或科学著作五份，以及有关的参考资料和说明，连同推荐书及学术鉴定，一并送交中国科学院。推荐书内应对被推荐的科学研究工作报告或科学著作就学术上或国民经济上的意义予以说明，并加以评价。对于在国民经济上有重大意义的评价，应提出有关业务部门的领导人签署的证明文件。

第七条 中国科学院各学部负责接受和审查各机关、学校所推荐的科学研究工作报告或科学著作，按其在学术上或国民经济上的意义，以及其工作本身的创造性进行评选，分别等级，作出结论，然后由学部委员会以无记名投票方式决定。评选时可邀请有关专家组织专门小组审查。

第八条 中国科学院设立中国科学院科学奖金委员会；它对各学部评选通过的科学研究工作报告或科学著作，作统一的审核，提请中国科学院院务委员会讨论通过后授奖。

第九条 科学工作者本人或负责推荐的机关、学校对于所推荐的科学研究工作报告或科学著作未能当选如有异议，可再推荐一次。

第十条 凡外国科学家从事科学研究或科学著作，对中华人民共和国科学的发展有重大贡献的，经中国科学院科学奖金委员会的审核，并经中国科学院院务委员会讨论通过后，可以授予中国科学院科学奖金。

第十一条 有关生产的发明、技术改进和合理化建议，按照前中央人民政府政务院颁布的“有关生产的发明、技术改进及合理化建议的奖励暂行条例”向有关部门提请奖励，不在本条例范围之内。

7. 中国科学院研究生暂行条例

（1955年8月5日国务院全体会议第十七次会议通过
1955年8月31日国务院发布）

第一章　总　则

第一条　科学的发展对于国家建设具有重要意义。科学干部的培养是决定科学发展的重要环节。为了有效地促进科学研究力量的成长，有计划地培养合乎一定标准的科学研究干部，特制定中国科学院研究生暂行条例。

第二条　按本条例培养出来的科学研究干部，需具有一定的马克思列宁主义水平、本门科学方面的坚实的基础、有关国家建设的实际知识，并能独立地进行专业的创造性的科学研究工作。

研究生毕业后由中国科学院授予科学副博士学位。

第三条　中国科学院各研究所或相当于研究所的研究机构，是负责培养研究生的基层单位。中国科学院各学部对本学部所领导的各研究机构研究生的培养工作应经常进行检查与督促。

研究生的马克思列宁主义以及外国文的学习由中国科学院统一领导。

第四条　中国科学院每年根据需要与可能，统一规定各学科研究生的招收名额。

第五条　为了鼓励有条件进行科学研究的其他人员努力提高科学水平，凡研究生以外的科学工作人员、学校教师、国家机关和企业的工作人员等著有科学论文的，均可向中国科学院申请，按研究生毕业的要求进行论文答辩，合格者同样授予科学副博士学位。申请时应经所属工作单位推荐，其科学论文必须经有关科学机关或高等学校进行初步审查同意后提出。其具体办法另定。

第二章　研究生的招收

第六条　中国科学院每年7月至9月招收研究生。

第七条　凡年龄在四十岁以下，具有下列条件之一的，可向中国科学院申请作研究生：

（一）高等学校本科毕业有两年以上科学工作、教育工作或其他与科学有关的实际工作经验并具有科学研究能力的；

（二）高等学校本科毕业，成绩优异，经原学校或本人工作部门证明推荐的；

（三）未经高等学校本科毕业，但经科学机关、高等学校或国务院各部、各委员会、各直属机构证明其确实具有高等学校毕业的水平和从事研究工作的能力并负责推荐的。

第八条　申请作研究生的必须送交下列材料：

（一）高等学校毕业证书和历年学习成绩表（第七条第三项提出申请的免交）；

（二）高等学校、科学机关或其他工作机关的推荐书（第七条第一项提出申请的免交）；

（三）本人履历及自传；

（四）最近服务机关或学校关于申请人的工作或学习的鉴定；

（五）健康证明书。

申请作研究生的如有与专业有关的科学论著或其他证明文件，应同时送交。

第九条　中国科学院审查前条所列材料后决定准否申请人参加入学考试。

研究生入学考试包括专业学科、马克思列宁主义的基础和一种外国文。送交科学论著的其科学论著可作为考试成绩的一部分。经中国科学院特殊批准的可免去外国文考试。

第十条 被准予参加研究生考试的在职人员，其供职机关应给予一个月至两个月的假期，以进行考试的准备。

第三章 研究生的培养

第十一条 研究生的修业期限，一般暂定为四年，如有特殊情况，经中国科学院批准，可适当延长或缩短，但延长期限不得超过一年。

第十二条 研究生入学后，即由研究所确定一位研究员担任其学术导师（经学部批准，副研究员也可担任学术导师），研究生在学术导师指导下，进行学习与研究。不在中国科学院研究机构工作的学部委员、研究所学术委员以及其他中国科学院以外的专家经本人与其服务机关同意，可接受研究所委托担任学术导师。每一个学术导师在同一时期内指导的研究生，原则上不超过五人。

第十三条 培养研究生的主要方式是在学术导师指导下，按个人计划进行独立的工作。研究生的个人计划的内容包括下列各项：

（一）一门或两门基本专业课程及一门与论文有关的专业课程；

（二）辩证唯物主义和历史唯物主义；

（三）俄文及其他一种外国文（经中国科学院特殊批准的可免修其他一种外国文）；

（四）学位论文。

研究生的个人计划应在学术导师的指导下拟订，计划中应规定每一阶段学习或工作的内容及完成的期限。关于必修课程部分，在入学后两个月内由学术导师提出，论文计划应于论文工作开始前一年由学术导师提出。研究生个人计划经研究所学术委员会审查后，由研究所所长批准并报学部备案；其计划的修改手续同。

第十四条 研究生学位论文的选题，应从国家建设与科学发展的需要出发，联系所在研究所的发展方向；在论文中必须提出在本专业方面某些理论的或实际的新的研究结果。论文选题应列为研究所研究计划的一部分。

第十五条 研究生一般应在两年内修毕必修的课程，并在个人计划所规定的期限内进行考试。考试由研究所学术委员会主持；考试不及格的经研究所批准可进行一次补考，补考不及格的，不得参加论文答辩。

研究生论文工作的开始不得迟于第三年初。

第十六条 研究生每半年必须在本人所在的研究室或研究组内，作关于个人计划执行情况和学习心得的报告，在研究室或研究组内进行讨论后作出书面总结，提交研究所的学术委员会审查。

第十七条 研究生的学术导师在每学年终了时，必须对研究生作出鉴定，提交研究所学术委员会审查，在鉴定中应反映出研究生研究工作的能力、专业课程学习状况与论文准备的程度。

第十八条 研究生在通过个人计划中所规定的考试和完成学位论文后，应将学位论文及其摘要交由学术导师审阅，再由研究所将论文或论文摘要送请有关专家征求意见，最后经研究所学术委员会审查决定是否提出答辩。论文原稿送交研究所图书室存查。

第十九条 研究生的学位论文经审查同意答辩后，由研究所学术委员会在研究生学术导师以外的专家中聘定一位或两位辩驳人。答辩的日期，由研究所与辩驳人会商决定。在答辩前至少一个月，研究所应将论文或论文摘要分发有关专家与机关，并公布答辩日期。凡愿意参加答辩会者，经研究所同意，均得参加答辩会。

第二十条 学位论文答辩在研究所学术委员会的会议上举行；会议由所长主持。学位论文答辩后，须经研究所学术委员会委员以无记名投票方式过半数通过，投票前学术委员会应与辩驳人交换意见。

第二十一条 研究生在学位论文通过后，即由研究所提请学部审查并报中国科学院批准其毕业，授予科学副博士的学位。

研究生中未被通过学位论文的，在本条例第十一条关于修业年限所规定的范围内，经研究所提请学部审查并报中国科学院批准，可在学术导师指导下重新修改其论文并准备第二次答辩；第二次答辩日期不得迟于第一次答辩日期的一年。

第二十二条 研究生有下列情况之一的，由研究所提出，经学部审查，并报中国科学院批准，取消其研究生资格：

（一）表现没有科学研究工作能力并经学术导师正式提出的；

（二）不能通过必修课程的考试的；

（三）不能如期提出学位论文的；

（四）两次不能通过论文答辩的。

第四章 研究生的待遇与工作分配

第二十三条 研究生的任务是学习，在学习期间不得担任研究工作以外的任务。

第二十四条 研究生享有国家助学金待遇，每年并享有一定的休假期。研究生在原工作单位继续领取工资的，不再给予助学金。

第二十五条 研究生有使用研究所有关设备和参加研究所内各种学术活动和社会活动的权利。

第二十六条 研究生准备学位论文时所必需的资料经费，应由其所在的研究单位负责供应。

第二十七条 研究生的学位论文通过答辩并在导师指导下参考辩驳人所提意见修正后，可在其所在研究单位的刊物上发表，或由研究单位推荐在中国科学院出版的或其他有关的学术刊物上发表；但内容涉及国家机密者除外。

第二十八条 研究生毕业后，除保留原有职务的仍回原单位工作外，均由政府统一分配工作。

卫生行政法篇

1. 工厂卫生暂行条例草案

（1950年5月31日劳动部发布试行）

第一章　总　则

第一条　本条例为保护工人健康，预防疾病，提高生产效能制定之。

第二条　本条例适用于一切公私营工厂企业。

第二章　环境卫生

第三条　工厂内应经常打扫，保持清洁。

第四条　工厂内道路应保持平坦，夜间须有足够照明。为技术用途所设之陷坑应有围垣或盖板。

第五条　在人行道与轨道交叉处，应有显明的标志。

第六条　排水沟渠，应按时清扫与修理。

第七条　原料、成品、半成品，应存放于指定地点，并应顾及装卸时的便利和安全。

第八条　工厂内暂时存放及生产中之废料、垃圾、原料与半成品，应采取必要措施，及时处理。

第九条　宿舍如在工厂内，应另设出口，以便利工人出入。

第三章　工作场所

第十条　一切工作房、机器设备及其他工作地点，均应保持清洁整齐；并根据生产情况，自行规定清扫制度。

第十一条　凡工作地点及通行道路，不得堆积原料、成品与半成品。

第十二条 在工作房之适当地点，应设垃圾箱，收集废料与垃圾。垃圾箱每日至少清除一次，并按时消毒。对有毒之废料与垃圾，应设特制之垃圾箱收集之。各工厂企业并应规定管理和清除办法。

第十三条 工作房应设有足够之有水痰盂，并应每日或每班清洗和消毒。

第十四条 根据生产条件，允许吸烟之工作房，应有足够之烟灰缸。禁止吸烟之工作房，应另设吸烟室；吸烟室须有通风装置与烟灰缸。

第十五条 工作房地面、墙壁与天花板，均应经常保持完好状态。墙壁、天花板之粉刷与油漆期限，由各厂根据生产条件自行规定之。

第十六条 阴沟、水渠与排水道，应经常覆盖，定期疏浚。

第十七条 工作房应根据生产条件，在休息时间，打开窗户，流通空气。

第十八条 工作房应设有盖箱子，以存放不入伙工人自带之食物。在可能条件下，应另设房屋或在食堂中加设桌凳，以供其进食和休息，并须有食物加热的设备。

第十九条 对有害健康的工作房，不得在其中吃东西。

第二十条 对工人应供给清洁开水，盛水及饮水用具应加盖，并应每天洗涤之。

第二十一条 工作房之地面，系潮湿及传热者（石头的、混凝土的等），其工作地点，应装设站板，以预防脚部潮湿及受凉。

第二十二条 工作房如因工作需要，在寒冷季节须经常打开门窗者，应有遮风装置，如帷幕、护墙等，以防受冷感冒。

第二十三条 暖气设备与通风装置，应经常检查和清扫，遇有损坏立即修理。

第二十四条 关于通风装置与暖汽设备，各工厂企业自行制定使用与管理办法，该办法中须规定。

甲、所有通风装置、暖气设备，应按照季节气候与工作需要，加以调整的方法；

乙、通风器、通风管与清除灰尘与气体装置等之清净期限与修理期限。

第二十五条 窗子和天窗启闭之装置，应经常清洁，加油和检查之。

第二十六条 凡工作房与附设房屋中，均应尽量利用天然光线。生产设备、成品、半成品等不得堆放有碍光线之处。透光处之玻璃，应定期清净。

第二十七条 照明装置（电门、电灯、电线等）应保持清洁完好，按照具体情况，规定清拭期限，每月不得少于四次，并应定期检查电线线路。

第二十八条 灯泡损坏时，应立即以同样光度的灯泡更换之。

第二十九条 局部照明须用磨光灯泡，使不刺目。

第三十条 生产过程中发生强烈与尖锐响声者，应尽可能于单独的工作房中进行。

第三十一条 凡有大量热能、气体与蒸汽发生之生产过程，其工作房内应设有足够之窗户或其他通风设备。

第三十二条 凡发生大量蒸汽的生产过程（染厂、洗涤处等），须在特别房屋中进行之。在此种房屋内，应设法防止雾气之形成，及水蒸汽凝结于墙壁和天花板上。

第三十三条 工作时散放有害健康的蒸汽、气体与灰尘之机器，应经常检查及修理，以保持密闭。对特别有害之蒸汽与气体（二硫化碳、氰化物等）的生产过程，尤应设密闭器具，勿使逸出。

第三十四条 生产过程中，有水或其他液体降落于地面，则其地面须光滑、坚固，且为液体所不能渗透者。此种房屋应设有液体所不能渗透的排水沟，且须易于清扫，并应覆盖。

第三十五条 凡粉末之装入、转装以及过筛、捣碎、粉碎等形成粉末之过程，应在特别隔离且设有可关闭的机械装置之房屋中进行。

第三十六条 机器的皮带、转轴、齿轮等危险部分，应有安全装置，以免发生灾害事故。机器间距离应宽敞，过道之宽度，应不得少于一公尺。

第三十七条 凡与取暖无关之蒸汽管及高温器皿等，均应设有隔离之防护设备。

第三十八条 工作中撒散或逸出有毒物质时，应立即予以消毒或排除之。其办法由各工厂企业自定之。

第三十九条 保存于房屋中之有毒物质，应采取预防办法，使任何人未经允许，无法取得。

第四十条 工作中有灰尘与蒸汽可能使人中毒或有害口腔、鼻腔者，应供给工人漱口用之消毒水。

第四十一条 工作房中有危害健康之气体、灰尘与蒸汽时，应根据规定标准发给工人特制之口罩、帽盔等防护用品。

第四十二条 有强光、灰尘、火花、碎片及刨屑等伤害眼睛与面部之工作，应根据规定，发给工人眼镜、面具、帽盔等防护用具。

第四十三条 工作中经常有水及其他液体降落之地面，应发给工人胶鞋或防水靴。

第四十四条 有传染危险之物质与物品，在加工前，应经消毒室使之消毒。

第四十五条 工具、工作服和防护用品，在有传染危险之生产中，应定期消毒，并供给工人洗手用之消毒剂。

第四十六条 凡在工厂中有下列情况之一者，应根据标准发给工人特制之工作服及手套：

甲、有灼烫皮肤、烧损或钩挂衣服等危险者；

乙、有飞散毒性、刺激性及传染危险之物质者；

丙、有经常使衣服腐蚀或潮湿及根据工作条件易于肮脏者。

第四十七条 工作服与便服不得存放于机器上或工具箱中，亦不得放置于工作地点附近。

第四十八条 工作服与便服存入衣箱时，应遵照下列之规定：

甲、有害健康与有毒物质生产部门之工作服或染有灰尘之工作服，均应存放于单独的箱内；

乙、在存放便服的箱内，应留出专放鞋类之空间；

丙、衣箱内不得存放食物及其他物品；

丁、衣箱内应经常消毒。

第四十九条 有危险性与危害性的工作部门，其负责人应教育工人使其了解工作中之危险性与危害性，并监督工人在工作时间内，执行一切预防办法；依法取得个人安全用品之工人，亦应接受指示，仔细练习使用，并学会“简便的”检查方法。

第五十条 每一工作房，均应经常备有必要之救急药品。

第四章 生活需要之房屋（食堂、浴室、盥洗所、厕所等）设备

第五十一条 每一工厂企业，均应设有食堂、浴室、盥洗所、厕所等生活需要之房屋设备，供给工人使用。

第五十二条 食堂、浴室、盥洗所、更衣室、厕所等生活需要之房屋设备，应每日打扫，定期消毒（洒石炭酸水，开水洗涤等），并经常通风，必要时应设机械通风之装置。

第五十三条 食堂内应有必需之餐具、桌凳、衣架、窗户照明等设备，冬天应装置暖气管或火炉，保持适当温度；夏天应有纱窗、纱罩等，以防苍蝇飞入。

第五十四条 食堂内一切设备及用具，均须保持清洁。餐具用后，必须用热水或自来水冲洗。每次饭后餐桌应以热水擦洗。墙壁、窗户、天花板、地面、照明等应经常扫除。抹布应常洗常换，保持清洁。

第五十五条 厨房内桌案及用具，应保持整齐清洁。并不得存放1日用量以上食物及一切与炊事无关物品。

第五十六条 厨房内应注意通风与蒸汽及灰尘之排除。

第五十七条 炊事员应遵守下列规定：

甲、穿白色工作服或围裙，并保持清洁；

乙、注意个人卫生；

丙、定期检查身体。

第五十八条 浴室应有足够之热水，以供全体工人使用，冷热水管开关应安全，易于操纵。如无冷热水开关调节装置，则水的温度，应依据生产的性质，在摄氏二十八度至三十七度之间。

第五十九条 浴室内须保持必要之温度，出入口应有外室或遮风设备。

第六十条 浴室之排水道、站脚板、小便池应经常清洗之，洗涤与排除之水，不得积留于地面上。

第六十一条 公共浴池，应经常换水，保持清洁，并应禁止皮肤病及其他传染病患者使用。

第六十二条 厕所内应保持清洁经常消毒，注意防蝇。站脚板、小便池与排水道应经常清洗之。地面应保持干燥，夜间应有照明设备。

第六十三条 厕所应有取暖设备（暖汽、火炉等）及自动之闸门，其温度不得与工作房悬殊过大。

第六十四条 厕所不够者，应增加或扩大之，其标准如下：

甲、使用人数在二十五人至五十人者，应设便桶或便坑两个；使用人数在五十一人至一百人者，男厕所应设便桶或便坑三个，女厕所应设便桶或便坑四个；一百人以上，男厕所每增五十人应增加便桶或便坑一个，女厕所每增四十人应增设便桶或便坑一个；

乙、男女厕所应分开，各有闸门。女厕所应设有马桶，以供孕妇之用；

丙、男厕所中除便桶外，应另设个人小便池，其设备不得采用未涂珐琅质之金属，其数目应与便桶数相等；厕所中可用小便槽代替个人小便池，此种小便槽之长度，应按每一便桶0.4公尺比例计算，并应有冲洗设备。

第六十五条 厕所茅坑如无下水道，应注意下列事项：

甲、地点应在工场宿舍附近之适当地点，并须避免污及水源；

乙、构造应便于清除和检修，并须密盖；

丙、粪便应经常清除，勿使堆积；

丁、厕所应有优良的通风设备，以免发生恶臭。

第六十六条 公共洗手处，应有肥皂及经常更换之毛巾。水龙头之数目，应不少于二十五人一个；如无自来水与下水道者，则装设有漏水活塞之盛水器及特设之污水收容器。

2. 种痘暂行办法

（1950年10月12日卫生部公布）

第一条 为彻底消灭天花，特制定本办法。

第二条 中华人民共和国境内之居民，不分国籍，均须依照本办法之规定种痘。

第三条 婴儿应由出生后六个月内种痘一次，届满六足岁、十二足岁及十八岁时，应各复种一次。凡从未种痘者，或逾规定之年龄而未复种者，应各补种一次。

第四条 凡天花流行区域及其邻接地区，所有居民，均应种痘，其实施地区及时间，由县市政府决定公布之。

第五条 种痘时可按户籍册，挨户调查施种，种痘后在户籍册上作已种记号。

第六条 应种痘之居民，因疾病或其他正当理由，未能于规定时间种痘者，于其原因消除后，应即补种。凡无正当理由拒绝种痘，经说服教育无效者，各级卫生行政机关得予以强制执行。

第七条 学校、部队、机关、工厂、矿山、应负责检查，入学学生、入伍士兵及录用职工、曾否按规定种痘，凡未种者，应一律补种。

第八条 在举办种痘运动时，应先广泛深入进行宣传教育，通过各级政府，动员地方干部发动群众，并就地方情况，随时训练乡村小学教员、妇女干部协助种痘。

第九条 公私立医院诊所及中西医，对于地方行政机关之委托种痘，应视为应尽义务，无正当理由，不得拒绝。

第十条 县市政府于各地区种痘工作布置及发动后，派专人督促检查其执行。

第十一条 种痘颗数，初、复种皆以一种为限。初种者于种痘后，第八日至第九日，检查其反应，无原发性反应者，须行补种。

第十二条 已种痘者，应发给种痘证，初种者应俟有原发性反应后发给种痘证。种痘证由大行政区卫生部或省市卫生行政机关及交通检疫机关，依照规定格式统一制作颁发之，其格式见附表。

第十三条 种痘一律免费，不得收取任何费用。各级卫生机关，受政府委托之公私立医院诊所及其他种痘人员，其进行种痘所需之费用（包括人工、牛痘苗及卫生材料）均由各级政府负担。

第十四条 种痘应一律采用政府检定合格之新鲜有效牛痘苗、不得刮取人体痘疱及使用不合格或过期痘苗。

第十五条 种痘人员，应备种痘登记表，按期送交县市主管卫生机关，按月编制种痘统计表逐级汇转中央卫生部备查。

第十六条 本办法经中央人民政府卫生部公布施行，修正时同。

附表：略

3.医院诊所管理暂行条例

（1951年1月19日政务院批准
1951年3月15日卫生部公布）

第一章　总　则

第一条　为保障人民健康，管理医院诊所业务，特制定本条例。

第二条　凡公私立医院诊所之卫生医疗业务，均依本条例之规定管理之。

第三条　医院至少须有病床十张、医师二人、护士（产科医院得为助产士）及护理员三人、药剂人员一人；不合上述规定者，一律称为诊所。诊所得设有十张以下的观察病床。

第四条　医院诊所之医疗卫生业务，均须受当地人民政府卫生主管机关的监督及指导。各级人民政府卫生主管机关，得随时派员检查医院诊所各项工作情况。

第五条　中医诊所管理暂行条例另定之。

第二章　开　业

第六条　私立医院诊所须向当地市、县人民政府领取开业执照，方得开业。

第七条　各地方人民政府对申请开设私立医院、诊所者，应根据当地人口与需要及该医院诊所之设置计划等具体情况，核发开业执照。

第八条　医院诊所之广告，限于其名称、地址、诊疗时间、业务科别及各科医师之学位称号。

第九条 医院诊所业务上各项收费，均须遵照当地人民政府卫生主管机关之规定。

第三章 业 务

第十条 医院诊所有受所在地人民政府卫生主管机关的领导，担任预防工作的责任。

第十一条 医院诊所遇有紧急病患之病人时，应即时负责急救，救护终了，再办理收费及其他手续。

第十二条 医院诊所对所收容之传染病人须视传染病之性质，予以严格的隔离。

第十三条 医院诊所诊断法定传染病或其疑似症后，应按法定时间向当地人民政府卫生主管机关或防疫机关详细报告。

第十四条 医院诊所无正当理由不得拒绝诊疗。对诊疗之病人，应积极负责处理。尚限于设备或技术不能处理之病人，应告其家属或关系人另行延医诊治，不得故意欺瞒或敷衍。

第十五条 医院诊所之卫生人员不得有挂名顶替等行为。

第十六条 医院诊所非由医师或牙医师亲自负责诊查，不得施行治疗、开方、出具疾病诊断书、健康证明书或死亡诊断书。

非由医师或助产士亲自接产，不得出具出生报告书或死产报告书。

第十七条 医院诊所对病人需要施行大手术，或在病情危笃，须施行特殊应急治疗时，须取得病人及关系人同意签字后，始得施行；对不能自立之未成年病人，或病人已失知觉，且无关系人时，可不取得同意，但医院诊所负责人及负责施行手术医师，应据情共同签字鉴证之。

第十八条 医院诊所应备具诊疗上应记载之各种记录表簿。其中病人之病历及接生簿应至少保存三年以上。

第十九条 医院诊所之各种登记簿、病历表、药方笺、各种检查单、记录表及各种诊断书、证明书、报告书等，必须一律使用中文，但少数民族得使用其本民族文字。在病名或药名之统一名词未颁布前，得在中文名词后附注外文名词。

第二十条 医院诊所之药剂室无医师药方，或药方无医师签名，均不得调剂。对调剂完毕之药方或领药簿，调配者须签名或盖章，并应保存一年以上；其含有麻醉药品或毒剧药品之药方，应保存三年以上。

第二十一条 医院诊所对已起变化或过期失效之药品，不得调剂或使用。

第二十二条 医院诊所之各项工作制度及各种工作人员职责另行规定之。医院诊所应经常按照各项制度自行检查工作。

第二十三条 医院应经常举行病案检讨会及死亡检讨会，以改进工作。

第二十四条 医院诊所应按医院诊所工作报告制度之规定，将各种统计及报告及时向当地人民政府卫生主管机关汇报。

第四章 罚 则

第二十五条 凡违反本条例者，依情节轻重，得分别予以警告、停业、撤销开业执照、撤销证书等处分；其情节严重者送交司法机关处理。

第五章 附 则

第二十六条 本条例公布后，各大行政区、省、市、县人民政府已颁行之医院诊所暂行条例或管理规则等一律作废。但因具体情况不同，省、直辖市以上卫生主管机关得根据本条例基本精神，拟订补充办法，呈请中央人民政府卫生部核准后执行之。

第二十七条 本条例施行细则由中央人民政府卫生部另订之。

第二十八条 本条例由政务院批准中央人民政府卫生部公布施行，其修改同。

4.医师暂行条例

（1951年4月18日政务院批准
1951年5月1日卫生部公布）

第一章　总　则

第一条　为确定医师资格及其职责与义务，以保障及管理医师执业，并加强其团结，提高卫生医疗技术，特制定本条例。

第二条　本条例所称医师，包括领有中央人民政府卫生部（以下简称中央卫生部）所发医师证书之医师，及领有大行政区人民政府或军政委员会卫生部（以下简称大行政区卫生部）所发临时医师证书之医师。

第三条　凡医师均须依本条例第五条及第六条之规定取得证书，方得执行医师业务。

第四条　除中央人民政府特聘之外籍医学专家外，外侨医师亦按本条例管理。

第二章　资　格

第五条　有左列资格之一者，经大行政区卫生部审核合格，转呈中央卫生部（华北五省二市经中央卫生部审核合格）核发医师证书：

一、在国内外公立医学院校或四年学制以上之私立医学院校毕业，持有毕业证书者。

但自本条例施行后，在公私立医学院校毕业者，由人民政府指定地点，在公私卫生医疗机构服务一至二年，取得当地人民政府卫生主管机关证明文件后，方得请领医师证书。

二、经中央卫生部或中央卫生部授权大行政区卫生部考试及格者。

三、本条例公布前，经省、直辖市以上人民政府卫生主管机关发给医师证书或考试及格证明文件者。

四、原领有国民党（或伪满）中央政府之医师证书、考试及格证书或限地医师证书者。

五、在中央卫生部核定之医师进修学校（或训练班）修业期满，考试及格者。

六、在国内外公私立医学院校（限四年学制以上）修满全学程三分之二以上，并连续执业三年以上，持有确实证明文件者。

七、在人民解放军担任医师工作三年以上，转入地方执业，持有县或团级以上机关、部队之确实证明文件者。

八、领有临时医师证书，工作二年从无过失，持有当地卫生主管机关或服务机关证明文件者。

第六条 有左列资格之一者，经大行政区卫生部（华北五省二市经中央卫生部）审核合格，发给临时医师证书：

一、在国内外公私立医学院校（限四年学制以上）修满全学程三分之二以上并连续执业一年，持有确实证明者。

二、本条例公布前，经省辖市、县人民政府发给医师证书或考试及格证明文件，经省卫生主管机关审查核准，添附证明文件者。

三、原领有国民党中央政府暂准执业批示，经市县人民政府卫生主管机关会同当地医师团体根据其实际技术程度及群众反映审核合格，添附证明文件者。

四、在人民解放军担任医师工作未满三年，转入地方执业，持有县或团级以上机关部队之确实证明文件者。

第七条 有左列情形之一者，不发给证书：

一、因有犯罪行为，被剥夺政治权利者。

二、未满二十岁者。

三、精神失常或身体残废足以妨碍工作之执行者。

四、有麻疯病者。

第八条　凡已取得证书之医师，如发生前条第一、三、四各款情形之一，得随时撤销其证书。惟经有关机关证明其原因已告消失时，得再申请发给之。

第九条　医师所领证书如有毁损应即申请换废；如有遗失，限一个月以内登报声明，请求补发。但觅得时，应即将原证书缴销。

第十条　医师死亡或失踪时，限一个月以内，由其家属或关系人向当地人民政府卫生主管机关报告，并呈缴其医师或临时医师证书；由该卫生主管机关层转中央卫生部或大行政区卫生部注销。

第十一条　医师考试办法，由中央卫生部另定之。

第三章　职责及义务

第十二条　医师有受人民政府命令，参加保卫国家战争勤务及防疫工作之义务。

第十三条　医师须遵守人民政府颁布之各种有关医师法规及卫生机关规定之各种制度，并应以积极负责及关心人民健康的态度，接受当地人民政府卫生主管机关之领导，协助人民政府推行保健工作。

第十四条　医师诊断法定传染病或其疑似症时，应指示隔离及其他预防方法，并应按法定时间向当地人民政府卫生主管机关或防疫机关报告。

第十五条　医师遇有患紧急病症或受意外灾害之病人时，应即时负责诊治急救。收费及其他手续，应于救治以后办理。

第十六条　医师无正当理由，不得拒绝诊疗。对于不能处理之病人，应告其家属另行延医诊治，不得故意欺骗或敷衍。

第十七条　医师非亲自诊察，不得施行治疗。

第十八条　医师不得强制要求，或以简略药方变相要挟病人或其家属，到该医师所指定之药房调配药方。

第十九条　医师检验尸体或死产，须会同公安人员办理。

第二十条　医师在执行业务时，如发现关于伤病的发生有犯罪事实或犯罪嫌疑时，须于二十四小时以内向当地人民政府公安机关报告。

第二十一条 医师除有确实诊断，证明孕妇疾病足以影响其生命安全，且呈经卫生主管机关批准外，不得执行人工流产手术。但因紧急救治须即执行人工流产手术时，经医师二人证明，得事先执行。惟须于执行后二十四小时以内，报告卫生主管机关备案。

第二十二条 医师除正当治疗外，不得使用麻醉药（鸦片、吗啡等）及其他毒、剧药品。

第二十三条 医师受人民政府询问或委托检验、鉴定时，不得拒绝。

第二十四条 医师得按医师团体的章程参加医师团体，以加强团结、研讨技术、互学互助。

第四章　奖　惩

第二十五条 医师在卫生医疗技术及保障人民健康上有特殊贡献者，得由当地人民政府卫生主管机关核转省、直辖市级以上卫生主管机关分别情形予以奖励或表扬。

第二十六条 凡伪造资格证明及串通舞弊伪造证明文件者，应受法律处分。

第二十七条 医师依法执行业务时，应受法律之充分保障。但违反本条例及犯有业务过失者，依情节轻重，得分别予以警告、停业、撤销开业执照或证书等行政处分；情节严重者，应受法律处分。

第五章　附　则

第二十八条 本条例公布后，各大行政区、省、市、县人民政府已颁行之医师暂行条例或管理规则一律废止。但因具体情况不同，省、直辖市以上卫生主管机关得根据本条例基本精神，拟订补充办法，呈请中央卫生部核准后施行之。

第二十九条 医师暂行条例施行细则由中央卫生部另定之。

第三十条 本条例经政务院批准由中央卫生部公布施行，其修改同。

5. 中医师暂行条例

（1951年4月18日政务院批准
1951年5月1日卫生部公布）

第一章　总　则

第一条　为确定中医师资格及其职责与义务，以保障及管理中医师执业，并加强团结，提高科学的卫生医药技术，特制定本条例。

第二条　本条例所称中医师包括领有中央人民政府卫生部（以下简称中央卫生部）所发中医师证书之中医师，及领有大行政区人民政府或军政委员会卫生部（以下简称大行政区卫生部）所发临时中医师证书之中医师。

第三条　凡中医师均须依本条例第四条及第五条之规定取得证书，方得执行中医师业务。

第二章　资　格

第四条　有左列资格之一者，经大行政区卫生部审核合格，转呈中央卫生部（华北五省二市经中央卫生部审核合格）核发中医师证书：

一、凡持有公私立四年学制以上之中医学校毕业证书者（函授学校除外）。

二、经中央卫生部或中央卫生部授权大行政区卫生部考试及格者。

三、本条例公布前，经省、直辖市以上人民政府卫生主管机关发给中医师证书或考试及格证明文件者。

四、原领有国民党（或伪满）中央政府中医师证书、考试及格证书者。

五、经人民政府设立之中医进修学校修业期满，毕业考试及格者。

六、领有临时中医师证书，工作二年从无过失，持有当地卫生主管机关或服务机关证明文件者。

第五条 有左列资格之一者，经大行政区卫生部（华北五省二市经中央卫生部）审核合格发给临时中医师证书：

一、凡持有公私立三年学制之中医学校毕业证书者（讲习所及函授学校除外）。

二、本条例公布前经省辖市、县人民政府发给中医师证书、考试及格证明文件，经省卫生主管机关核准，添附证明文件者。

三、持有国民党（或伪满）市、县政府中医师开业执照或临时开业执照，经市县人民政府卫生主管机关会同当地中医师团体根据其实际技术程度及群众反映审核合格，添附证明文件者。

四、本条例公布前曾在乡村从事中医业务五年以上，在群众中有相当声望，经市县人民政府卫生主管机关会同当地中医师团体审查合格，添附证明文件者。

第六条 有左列情形之一者不发给证书：

一、因有犯罪行为，被剥夺政治权利者。

二、不满二十岁者。

三、精神失常或身体残废足以妨碍工作之执行者。

四、有麻疯病者。

第七条 凡已取得证书之中医师，如发生前条第一、三、四各款情形之一，得随时撤销其证书。惟经有关机关证明其原因已告消失时，得再申请发还之。

第八条 中医师所领证书如有毁损应即申请换发；如有遗失，限一个月以内登报声明请求补发。但觅得时，应即将原证书缴销。

第九条 中医师死亡或失踪时，限一个月以内由其家属或关系人向当地人民政府卫生主管机关报告，并呈缴其中医师证书或临时中医师证书；由该卫生主管机关层转中央卫生部或大行政区卫生部注销。

第十条 中医师考试办法由中央卫生部另定之。

第三章 职责及义务

第十一条 中医师有受人民政府命令，参加保卫国家战争勤务及防疫工作之义务。

第十二条 中医师须遵守人民政府颁布之各种有关中医师法规，并应以积极负责及关心人民健康的态度接受当地人民政府卫生主管机关之领导，协助人民政府推行卫生保健工作。

第十三条 中医师诊断法定传染病或其疑似症时，应按法定时间向当地人民政府卫生主管机关或防疫机关报告。

第十四条 中医师遇有患紧急病症或受意外灾害之病人时，应即时负责诊治急救。收费及其他手续，应于救治以后办理。

第十五条 中医师无正当理由，不得拒绝诊疗。对于不能处理之病人，应告其家属另行延医诊治，不得故意欺骗或敷衍。

第十六条 中医师非亲自诊察，不得施行治疗。

第十七条 中医师未经学习科学的卫生医疗技术，不得使用化学药品配方及施行注射。

第十八条 中医师除正当治疗外，不得使用麻醉药（鸦片、吗啡等）及其他毒、剧药品。

第十九条 中医师不得以处方用药或其他方法施行坠胎。

第二十条 中医师不得强制要求，或以简略药方变相要挟病人或其家属到该医师所指定之药房调配药方。

第二十一条 中医师检验尸体或死产，须会同公安人员办理。

第二十二条 中医师在执行业务时，如发现关于伤病的发生有犯罪事实或犯罪嫌疑时，须于二十四小时内向当地人民政府公安机关报告。

第二十三条 中医师可按中医师团体的章程参加中医师团体，以加强团结、研讨技术、互学互助。

第四章　奖　惩

第二十四条　中医师在卫生医疗技术及保障人民健康上有特殊贡献者，得由当地人民政府核转省、直辖市级以上卫生主管机关，分别情形，予以奖励或表扬。

第二十五条　中医师将秘方公开，经试用功效确著者，得由当地政府转呈省、直辖市级以上卫生主管机关审查，予以适当之奖励。

第二十六条　凡伪造资格证明及串通舞弊伪造证明文件者，应受法律处分。

第二十七条　中医师依法执行业务时，应受法律之充分保障，但违反本条例及犯有业务过失者，依情节轻重，得分别予以警告、停业、撤销其开业执照或证书等行政处分；情形严重者，应受法律处分。

第五章　附　则

第二十八条　本条例公布后各大行政区、省、市、县人民政府所颁行之中医师暂行条例或管理规则一律废止。但因具体情况不同，省、直辖市以上卫生主管机关得根据本条例基本精神，拟定补充办法，呈请中央卫生部核准后施行之。

第二十九条　中医师暂行条例施行细则，由中央卫生部另定之。

第三十条　本条例经政务院批准由中央卫生部公布施行，其修改同。

6. 工业卫生工作委员会组织办法

（1954年12月28日国务院批准）

第一条 为加强工业卫生工作和逐步统一工业卫生工作的领导，以增进工人身体健康，为生产建设服务，便于各工业部门以及有关部门密切配合起见，特成立工业卫生工作委员会（以下简称本委员会）。

第二条 本委员会由中华人民共和国重工业部、第一机械工业部、第二机械工业部、燃料工业部、建筑工程部、纺织工业部、轻工业部、劳动部、卫生部、中华全国总工会等负责工业卫生工作的负责人组成。

第三条 本委员会设主任委员一人，负责召集会议并主持会议。

第四条 工作任务：

（一）主要为加强工业卫生工作的领导，并研究解决地方统一领导过程中存在的问题，以推进工业卫生工作的顺利开展；

（二）研究、审查工业卫生工作中的重要决议和措施；

（三）商订工业卫生工作的年度计划及主要工业部门的卫生事业指标；

（四）研究配备医务干部及改进工作。

第五条 本委员会暂订每六个月召开会议一次，必要时可临时召开，会议由主任委员召集。

第六条 经本委员会通过的决议，由中华人民共和国卫生部或各工业部门分别直接下达其所属机构遵照执行。

第七条 本委员会暂以卫生部为办公机关。

第八条 本办法经中华人民共和国国务院批准后实行。

7. 传染病管理办法

（1955年6月1日国务院批准　1955年7月5日卫生部发布）

第一章　总　则

第一条　为防止并控制传染病的发生和流行，保障人民的生命安全和身体健康，制定本办法。

第二条　依照本办法管理的传染病暂定为下列二类十八种：

甲类：（1）鼠疫（2）霍乱（3）天花

乙类：（4）流行性乙型脑炎（5）白喉（6）斑疹伤寒（7）回归热（8）痢疾（杆菌性痢与阿米巴痢）（9）伤寒及副伤寒（10）猩红热（11）流行性脑脊髓膜炎（12）麻疹（13）脊髓前角灰白质炎（14）百日咳（15）炭疽病（16）波状热（17）森林脑炎（18）狂犬病

个别省、自治区、直辖市在本办法所规定的十八种传染病以外，另有其他传染病发病率高、危害性大、需要列入本地区传染病的管理范围时，可报请卫生部核批。

第三条　地方各级人民委员会应当督促和指导所属卫生行政机关负责贯彻本办法的一切措施。当地文教、公安、交通机关、部队和群众团体等应当予以配合。

第二章　报　告

第四条　凡诊治病人的医师（包括中医师）、医士或其他有关的检验、检疫人员为法定报告人，遇有第二条所列传染病或疑似这些传染病时，必须及时向当地卫生行政机关或卫生防疫主管机关报告。上述人员如属于医院、诊所或其他卫生医疗机构时，应由其服务单位负责报告。

第五条 遇有第二条所列传染病或疑似这些传染病，未经医务人员诊治时，下列人员有向当地卫生行政机关或卫生防疫主管机关报告的义务（农村无上述机关时，可以报告当地人民委员会）：

（一）病人的家属、同居的人、邻居或卫生小组长；

（二）工矿、企业、机关、团体、部队、学校等的负责人；

（三）车、船、飞机等交通工具或车站、码头、飞机场等的负责人；

（四）旅店、公共场所及戏院等文化娱乐场所的负责人。

第六条 发现甲类传染病，应立即报告，在城市最迟不超过十二小时，在农村最迟不超过次日。发现乙类传染病，在城市应于发现后二十四小时内报告，在农村应于三日内报告。

第七条 当地卫生防疫主管机关或乡、镇人民委员会收到第二条所列传染病报告后，应立即转报。甲类的最迟应于六小时内报市（或市辖区）、县卫生防疫主管机关。乙类的应于四十八小时内报告。

第八条 传染病的报告，可用口头、电话、电报或书面，力求迅速。

第三章 处 理

第九条 发现传染病人的医务人员，如果认定确系第二条所列传染病，除报告当地卫生防疫主管机关外，对甲类传染病人应立即向其家属或住所负责人说明利害，就地设法临时隔离并即消毒治疗。对乙类传染病人，应即说服指导其家属或住所负责人自行隔离、护理，同时予以消毒治疗。

第十条 当地卫生防疫主管机关接到第二条所列传染病报告后，对甲类传染病应即进行紧急的防治处理，对乙类传染病应及时进行适当的防治处理。

第十一条 当地卫生防疫主管机关经过说服教育对甲类传染病人，或疑似的人及其接触的人应严加隔离；对乙类传染病人认为必要时，亦得执行隔离，对接触病人的人，应及时进行检诊并对疫区进行适当的免疫、宣传教育等措施。

第十二条 当地卫生防疫主管机关对于在病人家隔离的第二条所列传染病人，除护理等必要的人员外，可以说服限制和别人接触，并指导护理人员以消毒及预防方法。

第十三条 遇有传染病流行，当地卫生行政机关认为必要时，可以动员医疗卫生人员参加防疫工作，并可以商借公私医疗机构，作隔离收治病人用。

第十四条 为了诊断的需要，当地卫生防疫机关可以从病人的身体或尸体采取检验材料，必须剖验尸体时除取得当地人民委员会的核准外，并应取得死者家属的同意。

第十五条 对甲类传染病尸体的处理，当地卫生防疫主管机关应当指导消毒，并规定埋葬深度和方法。

第十六条 对甲类或乙类传染病的带菌人，如因其职业关系而有传染他人的危险时，当地卫生防疫主管机关可以通过有关单位，劝令其在带菌期间停止工作。

第十七条 市、县以上地方人民委员会在传染病流行时，可以根据必要的情况，配合有关机关执行下列各项一部或全部紧急或必要的措施：

（一）限制或禁止集会游艺和其他集体活动；

（二）限制或禁止运输可能散布传染病的货物、行李和动物；

（三）限制或禁止贩卖可能传布病菌的饮食物，必要时可以销毁。

第十八条 鼠疫、霍乱流行时，当地省、自治区或直辖市人民委员会可以决定疫区的封锁和解除。当封锁疫区时，禁止防疫工作以外的人员出入，并对封锁区内的居民施行检疫。此项封锁和解除，均须急报卫生部，如果必须封锁车站时，并须同时急报铁道部。

第四章　附　则

第十九条　各省、自治区、直辖市可以根据本办法制定实施细则，报卫生部备案。

第二十条　本办法经中华人民共和国国务院批准后，由卫生部发布施行，修正时同。

8. 卫生部、财政部关于抽调医务人员支援其他部门或参加临时任务期间所需经费处理原则的规定

（1957年5月31日）

根据各地反映，公私医疗机构的医务人员常被抽调支援其他部门或参加临时任务，过去对被抽调的公立医疗机构的人员工资、办公及旅差等费多由原单位负担；对被抽调的联合医疗机构的人员和开业医生所给予的补充也多不合理；以致给各公私医疗机构造成了很多困难。兹为纠正这种不合理的现象，特作如下规定：

（一）公立医疗机构办理各种体格检查和承担各种会议（指各部门召开的会议）的医疗工作时，除兵役体检应按兵役体检经费的开支标准办理外。其余均应一律按照当地规定的标准收费。

（二）抽调公立医疗机构的工作人员支援筑路、修河、勘探、建筑国防工程及其他临时任务时。在抽调期间所有人员工资、办公杂支和旅差等费均应由受支援的单位负担。

（三）抽调公立医疗机构的工作人员组织医疗预防队下乡治疗或扑灭疫情时。在抽调期间除人员工资由原机构担负外，其办公杂支和旅差等费均应由组队的卫生主管部门在当地卫生事业费内列支。

（四）抽调联合医疗机构的人员和开业医生支援各项建设事业或参加临时防治任务时，受支援的单位应参照他们的平时收入发给工资。

（五）各省、市、自治区可根据本原则的精神，参照当地具体情况，拟订具体实施办法，报经当地人民委员会批准实行。

9.职业病范围和职业病患者处理办法的规定

（1957年2月28日卫生部发布）

第一条 为了保护工人、职员的身体健康，改进劳动条件，做好职业病的防治工作，并合理解决工人、职员患职业病以后的劳动保险待遇问题，特制定本规定。

第二条 本规定适用于实行中华人民共和国劳动保险条例的单位。

第三条 职业病系指工人、职员在生产环境中由于工业毒物，不良气象条件，生物因素，不合理的劳动组织，以及一般卫生条件的恶劣等职业性毒害而引起的疾病。

根据目前我国的经济、生产和技术条件，将危害工人、职员健康和影响生产比较严重，并且职业性比较明显的14种职业病，列为职业病名单（职业病名单附后①）。

以下条文中所指的职业病，系指职业病名单内列的职业病。

第四条 职业病的确定，由本单位医疗机构或指定医疗机构负责治疗的医师负责，如果不能确定时，可提交本单位的医务劳动鉴定委员会（小组）解决。凡经确定为职业病者，即应发给职业病证明书。

第五条 职业病的诊断应根据患者临床症状，必要的理化学检查，患者的职业史及其劳动、生活条件等进行全面的观察。

---

① 职业病名单从略。14种职业病是职业中毒、尘肺、热射病和热痉挛、日射病、职业性皮肤病、电光性眼炎、职业性难听、职业性白内障、潜函病、高山病和航空病、振动性疾病、放射性疾病、职业性炭疽、职业性森林脑炎。

患者临床症状虽与某种职业病相似，如果致病原因与职业条件无关或实难确定时，不能列为职业病。

第六条 患职业病的工人、职员，在治疗或休养期间，以及医疗终结确定为残废或治疗无效而死亡时，均按中华人民共和国劳动保险条例有关规定，按因工待遇处理。

第七条 工人、职员调转工作时，原单位应在离职单内填明该工人、职员的工种和工作年限。如果是职业病患者，应将有关确定职业病证明材料（如病历等），一并转交调往新的工作单位。如果该工人、职员到达新的工作单位以后，原患有的职业病未痊愈或新发现的职业病，虽与现工作无关但确与以往工作有关时，均应由新的工作单位按职业病待遇处理。

第八条 患病的工人、职员，如果对医师或医务劳动鉴定委员会（小组）的确定有不同意见时，可按医务劳动鉴定委员会组织试行条例的规定处理。

第九条 各单位的卫生部门应会同工会组织，督促与协助本单位的行政，做好职业病的防治工作。

第十条 各单位在试行过程中，认为有的职业病确实影响工人健康比较严重，而未列入本职业病名单内者，可报请地方卫生部门会同工会组织审查提出意见后，报送卫生部研究处理。

第十一条 本规定由中华人民共和国卫生部发布试行，解释与修正时同。以前个别地区或企业所规定的职业病名单和办法，自本规定试行之日起一律废止。现正按原规定享受职业病待遇的工人、职员，虽不符合本职业病名单的规定，亦应按本规定第六条规定处理。

第十二条 本规定自发布日起试行。

10.解剖尸体规则

（1957年4月28日国务院批准　1957年7月15日卫生部发布）

第一条　为便利对人体构造、病理学教学及死因的研究，依据适合现社会风俗习惯的原则，制定本规则。

第二条　尸体解剖分为下列三种：

（一）普通解剖，限于高、中级医学院、校及其他高等学校的生物系、体育系在研究人体构造及学生实习时施行。

（二）病理解剖：限于高、中级医学院、校的病理科、医学科学研究机构的病理研究室及经各省（市）卫生厅（局）批准有条件进行病理解剖的医疗预防机构作病理研究时施行。

（三）法医剖验：限于人民法院、人民检察院、公安厅（局）、医学院附设的法医检验机构及受人民法院、人民检察院、公安厅（局）委托的有条件进行法医剖验的医院作死因分析时施行。

第三条　凡符合下列条件者可以进行尸体解剖：

（一）生前有合法遗嘱愿供学术研究的尸体；

（二）无主（包括无亲友及机关认领者）承领的尸体；

（三）在国家医疗机构住院部内死亡，为了研究死因必须进行病理解剖的尸体；

（四）涉及刑事案件，必须经过剖验始能判明死因的尸体；

（五）有工业中毒死亡的嫌疑，必须解剖始能确定诊断的尸体。

前款第（三）、（五）项的尸体解剖（无论是普通解剖、病理解剖或法医剖验）应以先取得亲属或机关负责人的同意为原则；但涉及刑事案件需要判明死因的法医解剖，在必要时也可以进行。

第四条　为研究死因，对于无主尸体认为有必要进行病理解剖或法医剖验时，除由政府机关交付者外，解剖单位应当报告当地公安部门，报告后经过三小时方可进行解剖。当地公安部门认为必要时，在据报后可以令其停止解剖（附报告书式样[①]）。

第五条 各院、校领到为普通解剖使用的无主尸体时，应将尸体保存一个月后始能使用。在此一个月内，如发现其姓名及通讯地点，应继续保留一个月，并应即时通知尸主，于接到通知后，在限期内来院、校认领。如果交付尸体的机关发现尸体姓名及通信地点，则由该机关径行通知尸主，并同时通知受领该尸体的院、校延长保存期限一个月，听候尸主领取。尸主逾期不来领取时，各院、校须再呈报该管地方公安部门及交付尸体的机关，分别经批准、同意后始可作解剖使用。

各解剖单位在保存或等候认领期间，如尸体有腐败的可能，可注射浸泡剂，在尸主认领尸体时，应给予解释，并保证无偿交还给尸主。

第六条 进行尸体解剖工作不能早于死者死后二小时，但是为了某种特殊科学研究目的，或在鼠疫、霍乱、天花等烈性传染病流行期间，为了便于早期诊断，以便进行预防措施，亦可提前进行，但必须有两名以上医师对尸体进行死亡试验，作出确实的死亡诊断，并负责签字证明。

第七条 有关法医上检验死因的剖验，须会同检察或公安人员进行。

第八条 普通解剖、病理解剖或法医剖验的尸体在学术上认为有必要时，可以酌留适当部分作为研究之用。

前款病理解剖或法医剖验的尸体在酌留适当部分时，以尽量保持外形为原则，但有损毁外形的必要时，除无主承领者外，须征得其家属或机关负责人的同意。

---

① 报告书式样从略。

第九条 尸体剖验后，如发见其死因为鼠疫、霍乱、天花等烈性传染病，或中毒、他杀或自杀，应于确定诊断后12小时内报告当地有关主管机关。

第十条 执行普通解剖及病理解剖的学校、科学研究机构、医院或防疫机关须备解剖簿，登记下列事项：

（一）尸体编号、姓名、年龄、性别、籍贯；

（二）尸体来历；

（三）付解剖原因；

（四）解剖年、月、日；

（五）解剖人姓名；

（六）解剖后处置。

但无法知其姓名、籍贯者，第一项可仅列编号、性别及年龄的约略估计，其余填未详字样。

凡来历不明的无主尸体，解剖前应拍正面二寸上半身照片三张，以两张为存卷及招领之用，一张粘于解剖簿上面。

第十一条 为了鼓励人民死后献身于解剖研究工作，凡生前有合法遗嘱死后献身于解剖者，由解剖单位报请当地卫生机关采取通报或某些适当的方式加以表扬。对于有特殊科学研究价值的病死体，在国家医院内死亡并进行解剖时，经家属申请和医院院长批准，可以适当减少或免于支付死者生前的医药费用。

第十二条 经执行普通解剖及病理解剖的尸体，除有亲属或机关负责人领回外，解剖的学校、医院、研究机构或防疫机关应妥为处理或殓葬，殓葬时应加标记。

第十三条 执行普通解剖及病理解剖的学校、医院、研究机构或防疫机关，应于每年一、七两月，将半年内所解剖的尸体详细造册汇报该管市或县人民委员会备查。其中应载明下列各项：

（一）尸体姓名、年龄、性别、籍贯（姓名不详者作为“无名氏”处理）；

（二）尸体来历；

（三）解剖年、月、日；

（四）有何留用部分；

（五）解剖后处置情形。

第十四条 本规则经国务院批准，由卫生部发布施行，其修改同。

自本规则发布之日起，1950年9月19日中央人民政府卫生部公布的解剖尸体暂行规则作废。

11. 卫生部关于中药材自由市场的领导与管理问题的几项规定

（1957年7月26日）

国务院7月10日文云字第85号批转“全国中药材经理会议的报告”中指示“必须加强对中药材市场的领导，为了发展生产和合理分配货源，各省、自治区、直辖市对38种重要中药材（具体品种由卫生部另行下达），都应当由药材公司或者委托供销合作社统一收购”。根据上述精神，对中药材自由市场的领导与管理问题，特作如下几项规定：

（一）中药材管理范围：经国务院批准列为国家统一收购的38种中药材为：大黄、甘草、当归、川芎、白芍、茯苓、麦冬、生地、黄连、黄芪、贝母、枸杞、泽泻、白术、银花、党参、附子、枣仁、山药、园参、牛黄、麝香、鹿茸、全虫、枳壳、槟榔、萸肉、红花、药菊、牛夕、白芷、三七、玉金、君子、云木香、元胡、玄参、北沙参。凡属以上品种在全国范围内，不分主要产区或次要产区，均由产地药材公司（包括暂未移交卫生部门的药材经营单位）或委托供销合作社，按国家计划统一收购，并按商品流转计划或会议平衡签订合同，调拨供庆全国各地。其他国营、供销合作社、联合诊所、公私合营药店、药厂以及商贩等一律不得采购或贩运。

其他品种应坚决开放，允许自由收购和贩运。各地药材公司也必须积极经营。

（二）价格管理：凡属国家统一收购的38种药材，在收购价格掌握上，应该大体上保持全国平衡的水平，为此主要产区与次要产区之间，必须密切配合。如有统一收购的品种，由产地流到销区时，统一由所在地之药材公司或直接委托之单位，按照产地收购牌价加合理费用作价收购，其他单位或个人均不得收购。

（三）各级卫生行政部门与当地工商行政部门结合，加强对药材行栈和交易所的领导。属于开放品种的价格，一般应采取买卖双方自由成交，为了领导市场价格，在必要时，药材公司可通过行栈、交易所挂出参考价格，供不应求的品种，如果市价上涨超过了有利于刺激生产的限度时，应采取议价或分配货源的办法加以掌握调剂。一时上市过多的药材，价格如下降到不利于发展生产或保护生产时，药材公司应根据维护生产的原则，按照适当价格予以收购。

（四）各单位必须根据国务院的指示，加强对采购人员（包括公私合营人员）的教育。使其执行国家有关市场管理的各项政策。

（五）目前正值药材产销旺季，各地必须在加强自由市场管理的同时，加强收购工作的领导。并对系统内的调拨计划或合同，应严肃认真的执行，及时调拨，以利销区市场供应。

上述精神，请各省、自治区、直辖市卫生厅、局接此通知后可在人民委员会的领导下，结合有关部门，迅速贯彻执行，并将执行情况随时报我部，抄送中国药材公司。

12. 卫生部关于中药材经营管理上的几项规定

（1957年8月17日）

中药材生产，几年来逐步均有增长。但由于中医工作的发展，人民生活水平的提高，以及消灭疾病工作的开展，需要增加较快，兼以药材生产上存在的土地、种籽、肥料，未得到合理解决，与封山育林、水土保持、消灭病虫害、文物保存等措施存在着矛盾以及有的地区对药材生产还不够重视，部分药材受自然灾害或收价偏低的影响，产量还有的降低，经营管理中也存在着许多缺点，致中药供应仍然紧张。自1956年下半年全国各地逐渐开放了中药材的自由市场以后，刺激了药材生产，提高了药农挖采药材的积极性，恢复了药材自然流转的旧有轨道，增加了货源，不仅缓和了药材供应紧张情况，缩小了脱销品种，并促使各级药材经营单位改善了经营管理，但也出现了抬价抢购，黑市交易等混乱现象。只要加强自由市场的领导，改善经营管理，自由市场的发展是可以逐步的趋于正常的。一些生产不易的、多年生的药材，必须从有计划地长时期地安排生产，才能逐渐解决供应紧张问题。

中国药材公司的机构，至1956年末为止，共有2,000个左右，人员约41,900人。但在经营管理上，目前还存在着分散状态，有的省是国营公司经营；有的省是供销合作社经营；有的省和专区是国营，县是供销合作社营。这种多头经营的形式，影响了药材产、销的统一安排。还有医疗机构（如联合诊所）附设药柜与中药商的安排改造也存在着矛盾。但目前存在于中药材工作中最突出的问题，是供应紧张问题，只有积极的解决了这个问题，中药材工作才能趋于正轨。

中药材业务交由卫生部门管理，这对全国卫生部门来说，是一件大事情，应当引起足够的重视。首先应当肯定，把中药材业务交由卫生部门管理，有许多好处，而且这是主要的一方面，它可以把医药两者很好的结合起来，所谓药不离医。在目前的情况下，也有利于统筹安排，加强技术指导，充分发挥中医中药的作用，可以逐步解决联合诊所和中药铺间长期存在的矛盾等等。但是也有困难的一方面，就是卫生部门缺乏管理市场，管理商业组织、私商的社会主义改造等方面的经验。而中药材的经营管理，又是一件极为艰巨复杂的工作，因此就要求卫生部门应以最大的决心和努力来负起这一艰巨的任务。目前中药工作的特点是生产分散，品种繁多，技术性大，牵涉面广，因而在经营管理上，应根据这些特性来加以部署。在这里首先我们应当把中药材公司看做是社会主义性质的国营商业组织来加以管理，主要为国家卫生事业建设服务，只有把这两者密切结合起来，才能把中药工作管理得好。根据当前中药工作中存在的问题，其经营管理的基本任务应是：积极发展生产，大力进行收购，继续完成中药商的安排和社会主义改造，加强对中药材市场的领导，改进经营管理，提高工作质量，逐步缩小和解决脱销品种，医药密切结合，更好的为人民健康服务。根据上述情况和任务，特作以下几项规定。

第一，生产安排。积极的恢复与发展中药材的生产，是保证供应，缩小脱销品种的根本措施，同时也是增加农民副业收入的办法之一，这对农民、国家的卫生事业均有重要意义，应该引起足够的重视。在此，卫生部门应该主动的要求各级党委和人民委员会，把中药生产列入各省发展副业生产安排的规划中，适当的统一的解决生产所需的土地、资金、劳动力、种籽、肥料等问题。卫生部门则应积极协助农业部门加强调查研究，提出生产品种，数量计划，总结药农的生产经验，指导生产，并检查督促生产计划的执行情况。

1. 今年应抓紧解决当年产的药材的生产安排和计划的检查督促，这对缩小脱销品种，将会起积极作用。同时对多年生的植物药材，今年也必须作适当安排，不然以后就会缺乏供应。但此种药材，投资过大，农业社负担有困难，可酌情给予贷款，鼓励其生产，这种贷款建议由农业贷款中解决。

2.对已经下达的100种药材生产安排计划，应抓紧在播种产季前贯彻下去。

3.积极发动农民采集野生药材，并应注意变野生为人工培植的研究工作。

4.中药生产凡与封山育林，水土保持，保护文物古迹等发生矛盾时，实行兼顾原则，卫生部门应与有关部门协商，订出妥善解决办法。

5.为了加强各部门间的协作关系，各省可根据具体情况，在省人民委员会领导下，集合有关部门，组织中药管理委员会，商讨同解决有关中药的重大问题。

第二，加强供应工作，改善经营管理。

1.积极组织货源，大力发掘潜力，是逐步解决当前药材供应不足的重要环节之一。我国土地广阔，药源丰富，根据近来的调查及自由市场开放后的情况来看，药材货源还有很大的潜力可挖。无论家种和野生的，有的没有收购，有的收的少，有些地区还发现了新品种。我们认为凡供应不足的品种，无论是成批或小宗，均应大力组织收购。这样就要求大力加强收购工作，改进采购办法，消除各种人为的障碍，如“三怕”“四不收”“十二不收”等不合理的规定，坚决克服轻视小宗品种及只顾本省需要而不顾及整体，只注意向外采购而不注意地产地销的作法。并应充分注意到药农出售药材时的方便。

2.加强调拨工作。几年来由于药材需要量增加，产生了某些药材的紧张或供应不足，有的地区有货不愿外调，甚至不报库存或少报库存，形成总公司不能指挥省，省公司不能指挥专、县，这种调度不灵的现象必须纠正。为了减少经营环节，必须组织直达调运，为了加强收购批发调拨工作，总公司可以考虑在重点产药区或大城市适当的设立采购批发供应站，保持适当的库存量。

3. 为使医药密切结合，有计划有组织的进行生产供应工作，各级卫生部门、中医医疗机构（包括中医院、门诊部、中医药研究机构，不包括联合诊所）逐年应制出年度、季度所需药材品种数量的计划，交由药材公司参考供应。凡属消灭对人民健康危害最大的疾病和指定作专题研究工作的机构，可以尽先供应。

4. 除了上述积极进行开辟货源而外，还应注意供应紧张的品种的节约使用，防止使用上的浪费，特别是成药的粗制滥造，必要时加以控制，以保证中药处方和治疗上的需要。对珍贵奇缺的原料，如麝香、牛黄、犀角等，应作重点使用，不宜过分分散。许多小型加工厂，因技术设备等条件限制，不能很好的进行生产，因此，应有重点的供应大型工厂，集中生产，统一调配，应根据实际情况适当的掌握。

5. 根据需要和可能适当地吸收中药技术人员，参加收购和经营管理工作，以便改进业务，逐步提高中药质量。取缔假药，以保证人民用药的安全。

6. 经营机构的设置及各级间的分工。

卫生部门接管后，中药材公司仍是统一计划，分级经营的国营商业组织。它对各省（市）、自治区公司和县公司移交后暂时仍实行以当地卫生行政部门与上级公司的双重领导。各级药材公司的职责应作如下规定：

甲、中国药材公司的职责：

（1）负责全国药材的产销平衡，拟定全国药材购、销计划（包括23种计划商品的购、销、调拨计划），财物费用等计划，并监督检查计划的执行。

（2）负责与对外贸易部门衔接确定进口计划和38种国家统一收购药材的出口计划。

（3）掌握全国药材购、销情况和市场变化，向卫生部提出中药经营政策的建议，组织中药购、销业务，召开全国性的业务、计划、财会、物价、储运会议，总结交流与推广经验，拟定加工、保管、储运等办法。指导与改善经营管理，推行经济核算制。

（4）负责拟定国家统一收购的药材的生产计划，并会同负责部门安排生产。

（5）负责拟定中药购销价格和各种差价掌握原则；拟定和调整中央掌握的23种计划商品主要市场收价和批发销售价格；制定药材系统内部调拨作价办法。

（6）负责搜集公私合营及私营中药商的社会主义改造情况，总结与交流其经验。

（7）负责与中央有关机关、团体商洽有关药材事宜。

乙、各省（市）、自治区公司的职责：

（1）负责编拟本省（市）、自治区药材购、销、调拨及进出口财物费用计划，执行总公司制定经国家批准的各项计划，并保证计划的全面实现。

（2）督促与指导所属机构开展中药购、销，组织采购、批发、调拨、进出口业务，改善经营管理，稳步贯彻经济核算制。

（3）除贯彻国家统一收购药材的生产计划外，并配合有关部门有计划地发展省内各种药材生产。

（4）正确贯彻价格政策，认真执行有关价格制度，拟定调整省管品种主要市场收价和批发销售价格。

（5）在当地党政统一领导下，负责省内城乡中药商的社会主义改造。

（6）负责与有关机关、团体洽商有关中药事宜。

丙、县（市）公司的职责：

（1）除负责将上级下达的生产计划，贯彻到基层生产单位，以保证计划实现外，并配合有关部门有计划地发展本县各种药材生产。

（2）根据本县（市）人民需要与药材生产情况，制定各项计划。

（3）根据下达计划，组织药材收购、批发、调运业务，加强初级市场领导，并保证计划的实现。

（4）认真执行中药经营与价格政策，以及有关的措施。并负责掌握自由市场价格。

（5）提高服务质量，改善经营管理，降低流转费用，减少损失，为国家积累资金。

（6）在当地党政统一领导下，负责中药商的社会主义改造。

关于省以下中药机构的设置，我们意见，专署所在地的县一般只设一个机构，对目前兼营新药的地区，在移交后仍继续经营，在省内衔接计划，报总公司备案。县（市）公司的职责，和设有专区级机构的职责，各省可根据具体情况加以补充。

7.商品经营的分级管理。

根据权限下放的精神，结合自由市场开放后的情况，与药材的特点，选定38种国家统一收购的品种，为总公司的管理品种，其中23种为总公司代部管理的计划品种。

（1）凡属38种药材的生产安排、购、销、调拨、出口等计划，统由药材总公司负责掌握安排，各级公司具体执行，产地公司统一收购，其他任何单位或个人不得收购和贩运。这些品种购、销价格的调整，应报卫生部转呈国务院批准后执行。

（2）38种药材中，除原23种计划品种，按药材总公司商品流转计划执行调拨外，其余15种在未正式批准列入计划商品以前，暂以全国业务会议平衡分配的方式安排购、销，双方签订合同进行调拨。凡属38种统一收购的药材，无论完成计划调拨或合同调拨任务后，其多余货源皆须上报总公司另行分配，不得自行推销或擅自支配。

（3）38种以外的品种，除省里确定管理的品种，由省公司提出管理办法，经卫生厅批准执行外，其余多为自由购、销的品种，可按照开放自由市场的精神，加强经营，加强自由市场的领导，以搞好中药工作。

（4）少数民族地区所产药材，应加强与民贸公司的联系，做好药材收购。民贸公司收购的药材，国家统一收购的38种，必须交药材公司统一调运，以免影响药材的统一安排。其余可通过购、销协议方式的办法办理。

（5）所有进口药材，由总公司负责统一进口，统一分配，上海、天津、广东等口岸公司负责执行。国内亦产的进口药材，产地公司应注意发展生产，并将生产、收购情况报总公司，以便统一考虑。各省（市）公司对进口药材的要货数字，应本节约外汇精神，根据实际需要，于每年5月提出次年的要货计划，报总公司。

（6）交叉经营商品，凡属中央级机关所掌握的计划商品（如杏仁、核桃仁、红枣等），由总公司统一衔接、分配，各省（市）公司应于三季末，提出下年要货计划。其余非中央级机关掌握的品种，各省（市）可直接与当地公司联系进货。

8.计划管理。

在卫生部对计划管理尚无新的改变以前，各级药材公司均执行商业部规定各国营专业公司执行的计划制度与表格。年度商品流转、费用、财务、基建计划，由卫生部负责审批，总公司具体办理。季度计划由卫生厅负责审批，抄报总公司备案。

年度计划经国家批准后，一般不再修改。

对园参、当归等23种计划商品的季度调拨，产、销地区公司可根据确定的年度调拨数字，联系确定分季数字，列入季度计划。上季未完成的数字，可继续执行，以保证年度调拨计划的全面实现。

为了做好计划管理，各级公司必须注意加强商品产、销、需调查研究工作。经常分析药材市场变化情况，检查计划的执行情况。

9.价格管理原则与分工。

应在稳定物价的总方针下，继续稳定中药材价格，慎重地调整某些不利于生产的收购与批发销售价格，加强自由市场的领导，并继续贯彻按质论价政策。

在国务院有关物价部门领导下，卫生部负责：（1）掌握中药全国物价总水平；（2）制定中药购销价格和各种差价掌握原则；（3）研究制定主要商品主要市场的收购和批发销售价格；（4）制定全国中药材物价工作制度。

各省（市）卫生厅（局）在人民委员会领导下负责：（1）根据卫生部指示的全国药材物价水平，掌握本省（市）药材价格水平；（2）根据卫生部制定的掌握原则制定本省（市）购销价格及各种差价具体掌握办法；（3）制定和调整中央掌握商品以外的主要商品主要市场的收购与批发销售价格。

10. 自有流动资金，由卫生部根据国家财政状况及业务需要确定。总公司具体掌握调整利润基本折旧基金固定资产变价收入。以省（市）区公司为解缴单位。

11. 关于计划、统计、财会、物价等制度办法，仍执行目前中国药材公司所执行的国营商业统计、财会、物价等制度和办法，除供销合作社领导的药材经营处（部）即应按此改变外，短期内不作修改。今后逐渐研究简化。

12. 关于对公私合营、私营国药店的安排改造、民主管理等，应加强领导工作，具体办法在省（市）人民委员会私改办公室领导下统一进行。公私合营的盈亏处理，待国务院统一规定后，另行规定。

至于中药店与联合诊所的关系，在卫生部接收中药经营后，公私合营中药店原则上不得并入联合诊所，已并者呈当地省人民委员会适当安排。联合诊所的配药室，仍应按照过去卫生部与有关部门的联合通知的精神，一般不配外方，但在无药材供应机构的边远地区，可根据实际需要，允许其出售外方，范围不宜太广，以免影响公私合营药店的业务和国家的税收。为了便利群众就诊，应允许公私合营中药店吸收中医坐堂。

13. 基本建设计划的确定与监督执行，商业网的设置，和劳动工资计划的确定，人员的配备，根据卫生部的决定，由各省（市）卫生厅（局）负责，有关基本建设、商业网、劳动职工的计划统计由药材公司系统按照制度逐级汇总报总公司备案。

第三，做好交接工作，办到交接、业务两不误。具体交接办法，由卫生部会同有关部门商定后下达。各省市亦可在当地人民委员会领导下由有关部门协商解决。账目结算，应以1956年年终决算为基础。由1957年1月1日起统一交由卫生部接管领导，以免妨碍业务的开展，并可减少手续，节省时间。原属商业部、供销合作社中药材业务、财产、干部等原摊移交卫生部，接收方由省（市）卫生厅（局）负责，移交方由商业厅（局）或省（区）、市供销合作社分别负责。在交接期间，不得借故抽取资金和抽调干部。接交时必须本面对整体、互相支持的原则进行，如发生不同意见，呈报当地人民委员会解决。未移交省市应按国务院批示的精神办理。在交接过程中，应注意开展业务，及时组织收购和供应，加强对干部的思想教育，免致由于领导关系转变发生波动。

卫生部门接管中药后，应大力加强各省（市）主管药政的行政机构。各省（市）卫生厅（局）应将原有药政科扩大为药政管理处，由于工作任务增加，各省（市）卫生厅（局）应呈请各省人民委员会适当增加编制，调配干部充实人力，并指定一副厅（局）长专门负责，专署及县卫生科也必须有专人负责。积极的鼓励干部学会作生意，管理商业，领导市场等本领。加强调查研究工作，组织有关部门参加，对本省所产品种数量、市场情况及经营管理中的问题，作深入的调查研究，作到心中有数，以便制定计划，改进业务，指导生产。

以上规定，希各地参照执行，如有不妥之处，及时反映，以便本部研究修正。

13. 中华人民共和国国境卫生检疫条例

（1957年12月23日全国人民代表大会常务委员会第八十八次会议通过）

第一条 为了防止鼠疫、霍乱、黄热病、天花、斑疹伤寒和回归热等传染病由国外传入和由国内传出，在中华人民共和国国境实施卫生检疫。

第二条 在中华人民共和国的国际通航的海港和机场所在地，以及陆地边境和国界江河的进出口岸，设立国境卫生检疫机关。

第三条 国境卫生检疫机关负责对进出国境的人员和交通工具、行李、货物实施医学检查、卫生检查和必要的卫生处理。

第四条 中华人民共和国和外国之间有关检疫传染病的疫情通报，由中华人民共和国卫生部会同有关部门办理。

第五条 在国内或者国外检疫传染病大流行的时候，中华人民共和国国务院可以下令封锁国境的有关区域。

第六条 本条例的实施规则，由中华人民共和国卫生部制定，报经中华人民共和国国务院批准后发布施行。

第七条 对违反本条例和本条例实施规则的人，国境卫生检疫机关可以根据情节轻重，给予警告或者处以一千元以下罚金；如果因违反本条例和本条例实施规则而引起检疫传染病的传播，或者有引起检疫传染病传播的严重危险，人民法院可以根据情节轻重依法判处二年以下有期徒刑或者拘役，并处或者单处一千元以上五千元以下罚金。

受处分人对所受的处分如果不服，可以在接到处分通知或者判决书后十日内，向原处分机关或者它的上级机关申请复议或者申诉，或者依法向上诉审人民法院提起上诉。

第八条 本条例自公布日施行。

14. 卫生部关于发布全国沙眼防治规划的通知

（1958年9月27日）

一、几年来沙眼防治工作的基本情况

沙眼是我国流行最广，患病率最高也是危害人民最严重的一种眼病。全国沙眼的平均患病率究竟多高，目前尚无确实的统计，但据文献报告，约为50%左右。以此推算，在我国六亿人口中，就有三亿人口正在患着沙眼，沙眼是致盲的主要原因之一，不少人因为沙眼而致盲目，丧失了劳动能力。由此可见，沙眼问题也是直接影响社会主义建设的一个严重问题。

解放后，对于防治这一危害人民最严重的沙眼，党和政府给予了一定的重视和关怀，沙眼防治工作已在许多地区逐步开展起来。几年来各地训练了不少沙眼或眼病防治人员，如上海市八年来共培养了654名高、中级沙眼防治人员，并对5000多名学校的保健老师、工厂的车间保健员、红十字会会员和街道卫生员进行了防治沙眼的简易技术的训练。黑龙江省已有3/4的县配备了专职或兼职的眼科医师（医士）；某些重点省市还建立了沙眼或眼病的专业防治机构，开展了沙眼患病率的调查、宣传和防治工作；此外，北京、上海等地还进行了沙眼的治疗方法和病因学、病理学等方面的科学研究工作。近几年来，由于爱国卫生运动的开展和人民群众文化生活水平的提高，并由于重点地开展了沙眼防治工作，某些地区的沙眼患病率已有所下降，并已治愈了不少沙眼患者和盲人。但就全国来说，沙眼防治工作还未普遍开展，许多省、自治区、市的卫生部门，对于防治沙眼缺乏应有重视，还未列入工作日程，加以全面规划和安排；

某些地区在防治沙眼工作中组织发挥广大中西医的作用还不够，存在着专业机构或专业人员单干的现象，在具体工作中，又多偏重于治疗；此外，目前还有不少医务人员对于防治沙眼缺乏信心或者是根本不相信沙眼能够消灭，认为多快好省不适用于防治沙眼，也还有不少医务人员（甚至是眼科高级医师）对于危害人民最严重的沙眼熟视无睹，认为防治沙眼是无关重要的小事。这些观点都是错误的，这同时也是迷信思想在防治沙眼问题上的具体反映，上述问题严重地影响了沙眼防治工作的开展，到目前为止，沙眼仍在继续传播蔓延。在这全党全民大搞技术革命和文化革命的建设社会主义的新的历史时期，为了适应工农业生产和其他建设事业的全面大跃进，沙眼防治工作的落后状况必须很快地加以改善，必须把防治沙眼的工作在全国范围内广泛深入地开展起来。

二、防治沙眼工作的方针任务

为了在防治沙眼工作中认真贯彻鼓足干劲、力争上游、多快好省地建设社会主义的总路线，贯彻党中央发布的“全国农业发展纲要（修正草案）”所提出的积极防治沙眼的指示，今后的沙眼防治工作必须坚持依靠群众，结合爱国卫生运动，推行讲卫生为中心的综合防治措施，力争在十年内或者更短的时间基本消灭沙眼的方针，以保证工农业生产大跃进。

力争在十年或者更短的时间内基本消灭沙眼，是各地都要努力以赴的目标，也是防治沙眼应当力争的上游。在十年或者更短的时间内基本消灭沙眼的含意是：消灭沙眼流行的严重性，达到有效地控制沙眼的传染；消灭沙眼对广大群众的危害性，达到早日消灭重症沙眼、消灭因沙眼而致盲目的严重后果，并使一切可以救治的盲人复明；同时还要达到基本消灭轻症沙眼。

十年计划看五年，五年看三年，各地应当积极争取在3 ～ 5年内做出成效，为实现基本消灭沙眼这一总目标打下巩固的基础。

三、防治沙眼的基本原则和基本措施

（一）防治沙眼必须与爱国卫生运动相结合：

沙眼问题的根本解决，必须通过讲究卫生的途径。目前在全国各地都已掀起了爱国卫生运动的高潮，根据党中央的指示，除四害、讲卫生的根本要求是要达到“消灭疾病、人人振奋、移风易俗、改造国家”的目的；从运动开展以来，全国各地的卫生面貌已经有了根本改善，并且还正在继续改善着，人民群众的许多不卫生习惯也都正在消除，讲究卫生、注意清洁已经成为了广大群众的新风气，这是防治沙眼极为有利的条件，也是消灭沙眼的根本保证。因此，防治沙眼必须与爱国卫生运动紧密结合地进行，并应把防治沙眼看作是爱国卫生运动的重要内容之一，应当把防治沙眼看作是除四害、讲卫生和消灭主要疾病的重要组成部分。

为了从根本上控制沙眼的传播，各地在爱国卫生运动中，在大力改善环境卫生和个人卫生的基础上，必须尽快地做到下列各点：

1.提倡一人一巾。某些地区如果在短期内确难办到时，最低限度应当要求沙眼患者与健康人分开使用，并且应当经常保持毛巾的清洁。

2.推广流水洗脸的办法，尽快地改变一家人合用一个脸盆甚至是合用一盆水洗脸的不卫生习惯。在有条件的地区，应当设计和创造洗脸、洗澡用的瓷钵瓦罐等卫生用具，以供广大群众（特别是农村）的需要，仍用脸盆洗脸的家庭，沙眼患者所使用的脸盆必须与健康人分开。

3.注意保护眼睛，不要用手揉眼睛，勤洗手脸，常剪指甲；养成讲卫生、爱清洁的习惯。

4.注意保持用水清洁。农村特别是山区的水源卫生条件较差，甚至用水缺乏，这种情形应当积极设法及早改善。

5.应对服务性行业进行严格的卫生监督，理发馆、浴室、旅店所备用的面具，应当严格作到每用一人消毒一次，各地应订出具体办法，加强管理。

6. 工厂、学校、托儿所等集体生活单位的集体预防很重要，在这些集体生活的单位，应当大力改善卫生条件，订立必要的卫生制度，以防止沙眼的传播。

7. 在预防的对象上，对于儿童应当给予特别重视，每个家庭和托儿所、幼儿园、小学校等应注意培养儿童的卫生习惯，并为他们单独准备面具；在可能的情况下，托儿所、幼儿园等保育机构应把患有沙眼的儿童与无沙眼儿童分别编班，以防接触传染。

（二）防与治必须紧密结合：

防和治是解决沙眼问题最重要的二个方面，二者必须紧密结合地进行。在防治沙眼工作中，只重治疗忽视或者是放弃预防是错误的，同样，只重预防忽视或者是放弃治疗也是错误的。防和治必须齐施并重，不可偏废。防与治相结合，防治并重，实际上也就是综合措施的问题，在沙眼防治工作中，我们必须坚持综合性的措施。

为了在全国范围内普遍推行以讲卫生为中心的综合防治措施，使防治沙眼的工作迅速见效，关键问题在于普及防治沙眼的卫生知识，把防治沙眼的办法教给群众。因此就必须大力开展经常性的宣传教育工作。宣传的内容应着重说明沙眼的危害性，沙眼的传染方式以及防治沙眼的方法，特别是应当针对当地的具体情况，针对当地群众对沙眼的看法，结合真人真事，进行生动有力的宣传。在进行宣传工作时，应当强调就家庭取材，就物品利用的原则，例如要求一人一巾，没有毛巾也可以用布来代替，要求脸盆分用，没有瓷盆也可以用瓦盆或大碗。为了把防治沙眼的宣传工作广泛深入地开展起来，做到人人皆知，家喻户晓，必须把工会、妇联、青年团、红十字会、科普等组织和各种文化教育机构动员起来，把一切宣传力量动员起来，组织各方面的力量，积极参加防治沙眼的宣传工作。全国百余万中西医药卫生工作者，人人都应当做宣传员，他们应当站在防治沙眼宣传队伍的最前列。宣传的形式应当是多种多样，广播、报刊、宣传画、小册子、幻灯、电影、大字报、黑板报、展览会、街道宣传、挨户宣传、群众大会、居民小组会等各种宣传形式，都应该尽量采用。各省、自治区、市都必须编印通俗易懂的防治沙眼的小册子和宣传画，大量发行到基层去。

在结合爱国卫生运动，大力推行以讲卫生为中心的预防措施的同时，对沙眼的治疗工作，必须给予足够重视。鉴于我国的沙眼患者特多，在治疗工作上除了必须大力发挥各级医疗卫生机构，发挥全体中、西医药卫生人员的力量之外，还必须依靠群众，依靠群众当中的卫生积极分子；提倡各工厂、学校、托儿所等集体生活单位的集体治疗，提倡沙眼患者的自家点眼，各级医疗卫生机构应当负责组织这方面的工作，并且应当在技术上经常给予指导。在治疗的对象上，应当特别注意儿童患者的治疗，以便首先消灭儿童当中的沙眼，保护下一代的健康。为了全面展开治疗沙眼的工作，应当提倡多种多样的治疗方法，特别是应当大力推行那些疗效显著、价钱便宜、简便易行的治疗方法。不论是中医的方法、西医的方法，新办法、老办法，洋办法、土办法，只要符合上述要求，都应当广泛采用。中西药的制药和药品供应部门应当大量制造、供应既经济又有效的眼药水和其他成药，以适应广大群众的需要。在治疗过程中，还必须通过反复地宣传解释，取得患者的合作，对于已经治愈的患者，应当告诉他们注意巩固治疗成果，防止再感染。

在防治沙眼工作中，对于发病情况的调查，应当给予应有重视，各地应当有计划地妥善地组织这方面的工作。在作法上必须注意使调查与治疗相结合，应当尽可能地作到边查、边治，普查、普治。调查的方法，可以因时因地制宜，可以组织力量进行沙眼的专业调查，也可以在门诊的就诊病人中，在健康检查或者是调查其他疾病时，结合进行沙眼发病情况的调查。经调查所发现的沙眼患者，应当通知其本人，并应劝导和督促他们早期进行治疗。

（三）防治沙眼必须与防盲相结合，防治沙眼必须紧密地结合工农业生产：

防治沙眼是防盲的基础，防治沙眼是根本解决致盲因素的一个重要方面；防盲、治盲，不但能够解放生产力，使人民群众免遭盲目的危害或者是把盲人从盲眼的痛苦中解放出来，而且通过防盲也必然会促进对沙眼的防治。

为了从根本上解决防盲问题。各地在防治沙眼工作中，应当尽快地防治和消灭那些能以致盲的重症沙眼和其他眼病，特别是应当及早消灭内翻和倒睫，以便通过防治，大力降低盲人的发生率。在调查沙眼发病情况的同时，应当结合进行检盲的工作，发现了盲人即应登记，对于那些可以救治的盲人，应当积极设法在短期内给予突击治疗。

为了使沙眼防治工作紧密结合工农业生产，使防治沙眼直接为生产建设服务，除了在城乡各地（主要是广大农村）结合防治沙眼大力展开防盲、治盲工作外，在工厂和矿山，应当使防治沙眼同劳动卫生、安全生产、防治眼外伤切实结合起来；在学校，则应使防治沙眼同预防近视眼相结合。城乡的各级医疗预防机构，特别是基层医疗预防机构，应当推行结合生产、便利病人的医疗制度，加强巡回医疗，举办简易病床和家庭病床，简化就诊手续。此外，各级医疗预防机构，还必须大力降低治疗沙眼的收费标准，某些不合理的收费制度必须立即加以改进。

（四）防治沙眼必须坚持中西医并举的原则，充分发挥各级卫生医疗机构的作用。

防治沙眼必须彻底依靠中西医的力量，防治沙眼是全体中西医药卫生工作者的共同任务；每个中西医药卫生人员都应当积极参加防治沙眼的工作，都应当站在向沙眼作斗争的最前线。为此，对于在医务人员中存在的对防治沙眼的种种迷信，和对防治沙眼漠不关心的态度，必须通过整风予以批判，以破除迷信，解放思想，真正作到政治挂帅，敢想、敢说、敢作，发挥每个人的干劲。此外，各级卫生主管机关，应当经常组织当地的中西医务人员学习防治沙眼的专业技术知识，组织他们担当宣传教育和调查、预防、治疗等工作。

为了充分发挥中医的作用，贯彻党的中医政策，各地在防治沙眼工作中，必须很好地调动和安排中医的力量，加强中西医的团结合作和学术交流。此外，还必须特别注意搜集、整理和发扬祖国医学对沙眼的治疗经验，组织西医学习中医治疗沙眼的经验和方法，组织中西医合作研究和发扬祖国医学对于治疗沙眼的宝贵遗产，特别是首先应把老年中医的学术经验继承下来，以便把中医治疗沙眼的各种有效方法充分运用到防治工作中去。

防治沙眼必须依靠各级卫生医疗机构，充分发挥城乡卫生医疗工作网的作用。各级卫生医疗机构，包括各级医院、各级卫生防疫站、各级妇幼保健机构、门诊部、县卫生院、区卫生所、联合诊所、工厂和农业社的保健站等等，都应当把防治沙眼的工作列入本单位的工作日程，加以妥善安排，并应订出年度的和长期的防治沙眼的计划。各级医院都应当成为本地区沙眼防治工作的技术指导中心，例如县卫生院（医院）应当是全国沙眼防治工作的技术指导中心，市、专医院应当是市、专沙眼防治工作的技术指导中心。

在设有沙眼防治专业机构的地区，应当很好地发挥专业机构的作用，但必须防止专业机构包办一切的作法。未设专业机构的省、自治区，则应指定省、自治区医院或医学院，把全省、自治区的沙眼防治工作的业务技术指导任务，切实担当起来。

（五）大力组织专业技术的训练，提高防治人员的质量：

这是一项非常重要的工作，各地必须给予应有重视。首先，各地应当根据需要尽快地训练一批眼科医师（或医士），充实到县卫生院（医院）、工矿医院、或其他医疗机构里去，使他们专做或兼做防治沙眼和其他眼病的诊疗工作。其次，应当有计划地分期分批地抽调基层医疗预防机构（主要是区卫生所、工厂和农村保健站、联合诊所等）的医务人员，加以短期专业训练，通过训练，使他们都能熟练地掌握沙眼的诊疗技术和矫治内翻、倒睫等简单手术，训练之后仍回原单位专做或者兼做沙眼防治工作。

训练防治人员的工作，可由专业机构或者是委托医学院的眼科教研组和省、市医院眼科担当，也可以委托其他有条件的医疗卫生机构担当。沙眼防治专业机构和各医学院的眼科教研组或省、市医院的眼科，应当成为培养眼科专业人员的中心。训练的方式，可以集中办班，也可以带徒弟。

为了更好地发挥防治人员的作用，各地还必须经常注意提高防治人员的质量，特别是应当经常组织城市医院和医学院的讲师、主治医师以上的人员，采用定期下乡巡回讲学的方法，深入县区医疗预防机构，进行防治沙眼和诊治其他常见眼病的技术指导。

（六）加强科学研究，普遍推广试验田：

为了使防治沙眼的工作迅速见效，必须同时使技术力量赶上去，因此就必须加强科学研究工作。沙眼的研究工作应当与防治工作紧密结合，研究工作的重点，应当是根据防治工作的需要。从防治工作的需要出发，今后对于沙眼的研究，应当以治疗沙眼的有效方法的研究和消灭沙眼的综合预防措施的研究为中心，并结合进行沙眼的病因学、流行病学和病理学的研究。在治疗方面，各地应积极研究中西医的各种有效疗法，特别是应注意研究和发掘新的治疗沙眼的特效疗法。目前摆在我们面前最重要的问题，是缩短疗程，中西医都要设法，都要跃进，旧的常规一定要打破。

在防治沙眼工作中，应当普遍推广搞试验田的工作方法，省、市、专、县级医疗卫生机构，都应当有自己的防治沙眼的试验田；一切眼科工作者，特别是眼科高级医师（包括专家、教授），都必须走出医院、走出研究室，深入到工矿、农村、学校里去，搞试验田，参加群众性的防治沙眼的实际斗争，并同时在参加实际工作的过程中锻炼自己，改造思想。防治沙眼的各项措施，包括新的治疗方法的试用和其他新的技术组织措施的实施，都要在试验田里先行一步。要求省、市、专、县各级医疗卫生机构，应当通过搞试验田，力争在短期内培养出消灭沙眼的典型地区和典型单位来，以便树立旗帜，组织参观评比，推动全盘，促进沙眼防治工作的全面开展。

四、加强领导，依靠群众，为消灭危害人民最严重的沙眼而奋斗

消灭沙眼的决定关键在于党的领导。建议各级党委和政府，应当把防治沙眼的工作纳入除四害、讲卫生的运动之中，纳入当地消灭疾病的总规则之中，统一领导起来，结合开展爱国卫生运动和防治其他疾病，加以统筹安排。各地在计划和布置除四害、讲卫生运动时，应当把提倡一人一巾、推广流水洗脸，注意保护眼睛等预防沙眼的各项基本措施结合进去，使这些措施成为除四害、讲卫生运动的主要内容之一。此外，各地还应订出适合本地区情况的消灭沙眼的具体规划，提出本地区消灭沙眼的期限和具体步骤，组织和推动各有关部门认真贯彻实施。在开展防治沙眼工作的过程中，可以结合爱国卫生运动，适当地安排一些突击活动，使经常工作和突击运动相结合，在一年中间，一般都要搞几次至少要搞1—2次大的战斗，以便通过突击运动推动防治工作不断前进。同时为了使防治工作坚持经常，各地还要建立必要的制度，特别是应当抓紧城乡的群众性的基层卫生组织，督促每一个工厂、每一个学校、每一个居民委员会、每一个农业社，甚至每一家一户，尽量把单位的、家庭的以及个人的防治沙眼的计划逐步订立起来（可以结合除四害、讲卫生的计划），并应经常进行检查评比，总结交流经验。防治沙眼的工作，可以由各级党委的防治疾病的领导小组和各级爱国卫生运动委员会统一抓起来，也可以在党政直接领导下，组织各有关部门成立地区性的沙眼防治委员会，并指定专门机构或专人负责经常性的工作。各地党政领导机关，应经常加以检查督促，抓宣传、抓典型、抓检查评比。以推动防治工作的开展。

向沙眼作斗争，必须彻底依靠群众的力量，坚持走群众路线。在我国，沙眼是一种最普遍流行的群众性眼病，防治沙眼的工作是关系着几亿人口健康的大事，是关系着改变广大群众数千年来不良卫生习惯的移风易俗的大事。必须把它看作是群众性的工作。必须充分发动群众，使沙眼防治工作形成一个大规模的有六亿人民参加的群众运动。红十字会会员、城市居民委员会的卫生委员和卫生组长、工厂和农业社保健站（室）的保健员（卫生员）、下放干部、学校的保健老师以及其他群众当中的卫生积极分子，他们都是群众当中的卫生工作的骨干，必须组织他们站在沙眼防治工作的前面来，促进防治工作的发展。为了充分发挥他们的作用，应当采用就地教学，就地练兵，也就是边教、边学、边做的方法，对他们进行必要的训练，使他们都能掌握预防沙眼的基本知识和简易的治疗方法，组织他们担当宣传教育和点眼药水等工作；并且通过他们，一传十、十传百地把预防沙眼的简易方法传授给群众，做到人人都懂得预防沙眼的卫生常识，人人都会点眼药水，人人都来参加防治沙眼的斗争。

15. 国务院关于工棚或临时宿舍防火和卫生设施的暂行规定

（1959年5月20日）

大跃进以来，全国各地的基本建设工地都修建了许多工棚或临时宿舍，以满足基本建设工人、民工居住的需要。为了保证这些工人和民工的居住安全，对于工棚或临时宿舍的建设，作如下规定：

一、工棚或临时宿舍（以下简称临时宿舍）的规划和修建，必须符合防火和卫生的要求。

（1）临时宿舍应当尽可能建设在离开修建的建筑物二十公尺以外的地区，离开森林区应当在一千公尺以上，并且不得修建在高压线路通过的地方。临时宿舍的使用期限较长或在使用期间正值雨季的，不得修建在低洼潮湿的地带和其他可能被水淹没的地带。

（2）在独立场地上修建成批的临时宿舍，应当分组布置，每组最多不得超过十二幢。组与组之间的防火距离，在城市中不得小于十公尺，在农村中不得小于十五公尺；幢与幢之间的防火距离，在城市中不得小于五公尺，在农村中不得小于七公尺。

（3）厨房、锅炉房、变电室与临时宿舍之间的防火距离，不得小于十到十五公尺。

（4）为储存大量的易燃物品、油料、炸药等所修建的临时仓库，其与永久工程或临地宿舍区之间的防火距离，应当在一千公尺以上。

（5）临时宿舍区应当修建简易道路。

（6）应当划定厕所、垃圾堆积和污水排出的地点。

二、临时宿舍的修建，不论采用哪一种建筑结构，都应当注意防火要求。

（1）天棚高度，一般不应当低于二点五公尺。

（2）每幢集体宿舍的居住人数，最好不超过一百人，并且每二十五人要有一个可以直接出入的门口，门宽不得小于一点二公尺，门扇必须向外开。

（3）采用易燃材料修建的房屋，构件与烟囱应当有一定的距离，在烟囱上口必须备有防火罩，以防止火星飞扬。

（4）采用易燃材料修建的屋面、外墙和间壁，应当尽可能抹上草泥或砂浆；在接近炉灶和烟囱的部分，必须抹上草泥或砂浆。

（5）建筑物的四周和道路两侧，应当修建排水明沟。

（6）照明电线应当有良好绝缘，并且尽可能采用拉线开关。如果采用油灯、蜡烛等明火照明，应当规定固定位置，周围加以防护，并且应当有专人负责管理。

三、为了确保安全，根据各地条件，应当设置一些消防设施和工具，如简易储水池、消火栓、砂袋、水桶、手动水泵、灭火器等，并且建立防火制度，进行定期检查和消防演习。

四、修建临时宿舍要有规划和简要设计，并且应当经过当地主管机关的审核批准，才得施工。

五、临时宿舍使用期间，应当有专门机构和群众性的消防卫生组织，负责日常的维护修缮工作，并且应当经常发动群众开展防火和卫生运动。

六、供临时使用的商店、食堂、俱乐部等临时建筑物的防火设施，也应当按照本规定的原则办理。

16.生活饮用水卫生规程

（1959年9月17日建筑工程部、卫生部发布
自1959年11月1日起实行）

本规程适用于一切供生活饮用的水。

本规程分为三个部分：一、水质标准；二、水源选择；三、水源卫生防护。

一、水质标准

（1）检验生活饮用水的水质，应从居民经常使用的地点采取水样，根据综合检验的结果判定。

采取水样的地点及检验次数，可由当地卫生机关会同有关单位根据具体情况研究决定。

（2）生活饮用水的质量由经营管理单位负责，由当地卫生机关监督。

自来水厂和厂矿企业的自备水源的水质检验，由该企业的化验室进行，并应以专门的卫生设施或技术条件保证水质符合标准。

没有水质检验设备的企业、分散供水和农村的简易自来水，应按规定的手续由当地卫生机关的检验机构进行检验。经营使用单位应负责改善水质的卫生措施。

（3）自来水的水质应满足下列要求：

1.水质须保证无色（色度不超过二十度）、透明、无沉淀。

2.浑浊度：浑浊度不得超过五毫克/升。在特殊情况下，例如在暴雨后或洪水期，个别水样的浑浊度可允许到十毫克/升。

3.水中不得含有肉眼可见的水生生物及令人嫌恶的物质。

4.嗅和味：水质在原水或煮沸后饮用时都须保证无异嗅和异味。

5.细菌总数：在摄氏三十七度培养二十四小时，一毫升水中不超过一百个。

6.大肠菌指数：每升水中不得超过三个，或大肠菌值不低于三百毫升。

7.总硬度：不超过二十五度[①]。

8.铅的含量：不超过零点一毫克/升。

9.砷的含量：不超过零点零五毫克/升。

10.氟化物的含量：不超过一点五毫克/升。

11.铜的含量：不超过三毫克/升。

12.锌的含量：不超过五毫克/升。

13.含铁总量：不超过零点三毫克/升。

14.氢离子浓度（pH值）：六点五——九点五。

15.余氯含量：用氯消毒时，在接近水厂或加压站附近的游离氯的含量不得小于零点三毫克/升；在管网末梢游离氯含量不得低于零点零五毫克/升[②]。

16.酚类化合物：加氯消毒时，水中不得产生氯酚臭。

17.其他有害物质和放射性物质的最大容许浓度，由中华人民共和国卫生部另定。

（4）对于分散的供水，因情况复杂，可由各地卫生机关另定。对简易自来水的要求，可基本执行第（3）项标准的规定。其中某些标准可适当放宽，如大肠菌值不低于一百毫升，其他指标亦由当地卫生机关规定。

（5）经过处理后的水质，如因当地实际情况或技术条件仍然达

① 硬度一度相当于水中含十毫克/升的氧化钙。硬度超过二十五度而不足四十度时，是否需要软化，应根据群众反映和地方卫生机关的意见，报请地方人民委员会决定。

② 配水管网较长、死头较多的地区，为保证水质安全，应考虑中途加氯。
用氯胺、紫外线消毒时，企业单位应和当地卫生机关共同研究制订保证水质安全的指标。

不到上述标准的要求时，能否饮用须取得当地卫生机关的同意。

水中重金属盐类、氯化物、硫酸盐、硝酸盐、氨盐的含量和耗氧量等，由地方卫生机关根据当地水质变化情况制订适用于本地区的指标，并报中华人民共和国卫生部备案。

二、水源选择

（1）选择水源时，须根据水质检验的结果、取水点的卫生条件及附近地区的卫生状况（地面水时还须考虑上下游情况）来确定，并应首先考虑选用地下水，其次选用地面水。

（2）作为生活饮用水水源的水质，须符合下列要求：

1.蒸发残渣不超过一千毫克/升。

2.总硬度不超过二十五度。

3.原水不得有异嗅或异味。

4.若只经过加氯消毒即供作生活饮用的原水，大肠菌指数平均每升不得超过一千个；经过净化处理及加氯消毒后供作生活饮用的原水，大肠菌指数不得超过一万个。

5.原水中重金属盐类及放射性物质的最大容许浓度，由地方卫生机关或中华人民共和国卫生部根据具体情况另定。

6.若不得不选用超过上述某项指标的水作为生活饮用水水源时，须取得当地卫生机关的同意，根据其超过的程度，水厂或经营使用单位应与卫生机关共同研究处理方法。

7.在有地方性甲状腺肿及水中氟化物含量过高的地区修建自来水时，应考虑预防措施（碘的含量在十微克/升以下时容易发生甲状腺肿，氟化物含量在一点五毫克/升以上时容易发生氟中毒。）

（3）利用不经过净化或消毒的水作为生活饮用水时，其水质须符合水质标准的要求。

（4）新建自来水厂的水源选择和水质鉴定工作，应由水厂的建设单位或其委托的设计部门负责组织，并取得当地卫生机关的同意。

三、水源卫生防护

（1）新建自来水厂的水源和厂矿企业的自备水源，不论水质分析结果如何，都必须设置卫生防护地带。

现有的上述水源，由其主管单位进行有效的卫生改善措施，并逐步设立卫生防护地带。

关于卫生防护地带的范围、措施及具体完成的期限，由主管单位或主管单位委托的设计部门负责，并须取得当地卫生机关同意。

对于分散给水（包括一切土井、水塘、河流、湖泊等水源）及农村简易自来水的水源，根据具体情况由当地卫生机关提出卫生防护要求，由使用单位负责执行。

（2）水源的卫生防护，一般应划分为三个地带：

1.第一地带（戒严地带）：

第一地带的范围，在地下水源时，可根据水文地质条件、含水层的深度以及水层防护程度（不受地表污染的情况）来考虑。凡覆盖有六米以上防护层的水井，戒严地带由水井算起半径三十米；覆盖层在六米以下时戒严地带半径为五十米。①

水源为地面水时，应根据河流的流量、流速、取水点的状况以及是否受潮汐影响、水库的容积、水深和周围自然条件等具体情况，确定水源第一卫生防护地带，一般可参考取水地点上游三百——五百米、下游五十——一百米的数据。

自来水厂或单独设立的水泵站、沉淀池和清水池，应根据这些构筑物的外部防护情况，设立半径为三十——五十米的戒严地带。

在此地带内，应禁止与水厂无关的人出入和居住，禁止修建禽畜饲养场和堆放垃圾粪便，禁止修建渗水坑及水井，禁止排放污水和通过污水沟渠。

以地下水为水源时，此地带的周围应用铁丝网或墙围起。以地

① 有裂缝的熔岩层，不论其厚度如何，都不算为防护层。

面水为水源时，防护带的周围也应有明显的标志，并禁止停靠船只。

境界内应保持良好的卫生状况和充分绿化。[①]

2.第二地带（限制地带）：

包括直接围绕水源的地区以及可能影响取水点水质的一定范围的水区在内。在地面水时，应考虑到水体自净的能力；在地下水时，应考虑土壤结构和水的流速等水文地质情况。

地面水第二地带的范围，应根据其流量、流速、污染情况等因素来决定，一般可参考下列数据：大河二十——三十公里；中等河流三十——六十公里；小河全流域；河流两岸一——二公里。如果上游没有较大的污染源时，可视具体情况缩小范围。

地下水第二地带的范围，如果在三百米以内，含水层不露出地面，或含水层与地面水、井水没有互补关系时，一般可以考虑不设置此地带。在设置地下水的第二地带时，根据土壤的情况及水的流速，可考虑下述数据：

土壤	含水层内的流速（米/昼夜）	第二地带半径（米）[②]
细砂	1—2	30—60
中砂	2—6	60—180
粗砂	6—10	180—300

在此地带内，应考虑防止水源污染或水质变坏的防护措施，如限制排入大量污水和修建粪坑、渗水厕所或堆积垃圾粪便以及限制破坏深层土壤的工程等等。

3.第三地带（观察地带）：

邻接第二地带的地区。此地带的范围包括可能引起传染病传播

① 在水源第一地带内居住的工作人员，必须具有生活粪便下水道或不透水的粪坑以及收集垃圾的容器，并须经常清除。

② 第二地带的半径，包括第一地带的半径在内。

的地区。在此境界内应不断进行流行病学的观察，以便及时采取防护措施。

（3）关于分散给水和农村简易自来水的防护措施，在地面水时应考虑分塘、分段、分时以及深入河心取水等措施；在地下水时要推广五有水井（井裙、井台、井盖、公用水桶、井棚）或其他改善水质的方法。取水地点二十——三十米以内应建立必要的卫生制度；禁止设立渗水坑、渗水厕所、垃圾堆、粪池、牲畜饮水场所或洗衣、洗菜等等。

（4）各工业企业、居民区和公共设施有害健康的废弃物或废水，应尽可能考虑综合利用。有机垃圾和污水可堆肥和进行农田灌溉。如确因经济技术条件所限，污水必须排入第二防护地带内时，为了防止水源污染影响居民健康，主管单位须和当地卫生机关研究解决。

（5）水源卫生防护地带的设计和防护措施，由水厂或自备水源的主管单位提出和执行；在取得当地卫生机关及有关部门同意后，报请地方人民委员会批准公布施行，并将各地带的界限以及在防护地带内实施的制度通知当地居民遵守。

（6）各地自来水厂的化验室应经常检查生活给水是否符合饮用水水质标准。卫生机关的化验室也应当在取水地点、水的净化构筑物以及配水管网内取水进行化验监督，并提出改善意见。

对水源卫生防护地带的范围和措施，应系统地进行观察，积累资料，以便使水源卫生防护日臻完善。

图书在版编目(CIP)数据

行政法史料汇编：1949—1965. 社会行政法 / 关保英主编. — 北京：中国法制出版社，2022.12

ISBN 978-7-5216-2948-4

Ⅰ. ①行… Ⅱ. ①关… Ⅲ. ①社会管理－行政法－史料－汇编－中国－1949-1965 Ⅳ. ①D922.102

中国版本图书馆CIP数据核字（2022）第178732号

责任编辑：侯 鹏　　封面设计：李 宁

行政法史料汇编：1949—1965. 社会行政法

XINGZHENGFA SHILIAO HUIBIAN: 1949—1965. SHEHUI XINGZHENGFA

主编 / 关保英

经销 / 新华书店

印刷 / 北京虎彩文化传播有限公司

开本 / 880毫米 × 1230毫米 32开　　印张 / 7.5 字数 / 202千

版次 / 2022年12月第1版　　2022年12月第1次印刷

中国法制出版社出版

书号ISBN 978-7-5216-2948-4　　定价：45.00元

北京市西城区西便门西里甲16号西便门办公区

邮政编码：100053　　传真：010-63141600

网址：http://www.zgfzs.com　　**编辑部电话：010-63141826**

市场营销部电话：010-63141612　　**印务部电话：010-63141606**

（如有印装质量问题，请与本社印务部联系。）